农产品直播销售

从新手到高手

徐 茜◎编著

中国铁道出版社有限公司
CHINA RAILWAY PUBLISHING HOUSE CO., LTD.

内 容 简 介

如何进行农产品的直播？如何打造主播形象？如何借鉴成功案例？如何利用直播玩转电商销售？如何更好地提升直播商品的转化率？如何快速成为直播销售高手？如何通过农产品直播销售获得不菲的收益？以上这些问题，你都能从本书中找到答案。即便是农产品直播小白，也能快速进行直播带货。

本书选取了众多直播平台进行讲解，从直播准备、选择产品、选择平台、选择主播、选择场景、直播脚本、直播内容、直播预告、促单、销售技巧等角度，对农产品直播销售的相关内容进行分析和解读，从而帮助大家短时间就可以入门直播销售行业，更快地掌握农产品直播的带货工作。

本书具有很强的实用性和可操作性，适合农产品类的主播、农产品生产与推广人员阅读，以及经营农产品的店长、销售人员和相关机构阅读，特别是希望通过直播销售工作实现财富增长、提高收益的人士。

图书在版编目（CIP）数据

农产品直播销售从新手到高手/徐茜编著. —北京：中国铁道出版社有限公司，2022.6（2025.7重印）
ISBN 978-7-113-28949-2

Ⅰ.①农… Ⅱ.①徐… Ⅲ.①农产品-网络营销
Ⅳ.①F724.72

中国版本图书馆CIP数据核字（2022）第040293号

书　　名：农产品直播销售从新手到高手
NONGCHANPIN ZHIBO XIAOSHOU CONG XINSHOU DAO GAOSHOU
作　　者：徐　茜

责任编辑：张亚慧　编辑部电话：（010）51873035　电子邮箱：lampard@vip.163.com
编辑助理：张秀文
封面设计：宿　萌
责任校对：孙　玫
责任印制：赵星辰

出版发行：中国铁道出版社有限公司（100054，北京市西城区右安门西街8号）
印　　刷：三河市航远印刷有限公司
版　　次：2022年6月第1版　2025年7月第3次印刷
开　　本：710 mm×1 000 mm　1/16　印张：15.5　字数：261千
书　　号：ISBN 978-7-113-28949-2
定　　价：69.00元

前　言

工业促使人类的生活变得更好，而农业却是人类赖以生存的基础，只有在发展农业的基础上才能更好地发展经济。促进农业稳定发展和农民增收，做好巩固拓展脱贫攻坚成果与乡村振兴有效衔接。由此可见，农业的发展仍是当下重要的发展任务之一。

随着直播电商行业的迅速发展，从 2016 年开始到现在，短短六年多的时间，直播电商行业已经进入快速发展时期。在 2019 年，中国直播电商行业的市场规模已达到 4 300 亿元，其增长速度达到 225%。

艾瑞咨询发布的《2021 年中国直播电商行业研究报告》显示，截至 2020 年年底，我国网络直播用户规模已经达到 6.17 亿，占整体网民的 62.4%。2020 年中国直播电商市场规模超过 1.2 万亿元，年增长率为 197.0%，预计 2023 年直播电商规模将超过 4.9 万亿元。现如今，电商直播已超过了游戏直播，成为直播用户规模细分类别中的第一。

与传统电商相比，直播带货具有哪些优势呢？

• 更直观

传统的电商仅仅是图文，直播却能让观众更加真实地了解到产品的相关形象，例如农产品的原产地环境、产品外貌、使用效果等。

• 增加信任

传统的电商只能通过商品详情、买家评论来确定商品的好坏，而直播则可通过专业的主播向观众实时展示并介绍产品，更容易获取消费者的信任。

• 互动性强

在直播间，主播可以随时与粉丝进行互动，主播就是实时交互的渠道。通过直播间的互动，也可以更好地了解到粉丝的需求。

• 性价比高

直播间的产品具有一定的价格优势，一般直播间内都会以优惠券、限时优惠等形式，提高商品的性价比。

在直播电商迅猛发展的当下，越来越多的农产品也走进了直播间。在2020年，农产品直播已成为农业经济发展的一大重要趋势，各大平台都加大了对农产品直播的扶持力度，纷纷开启了各种类型的直播助农活动。

此外，越来越多的农户也开始通过直播渠道来销售自己的农产品，这样不仅增加了许多特色农产品的曝光度，而且还促进了我国乡村经济的振兴发展。

本书的主要内容和特色亮点如下：

• 内容翔实

从直播准备、选择产品、选择平台、选择主播等角度出发，对农产品直播销售的相关内容进行分析和解读，让读者掌握农产品直播销售的方方面面。

• 图文结合

本书采用"图片＋文字"相结合的方式，呈现了直播带货时的一些常用操作步骤和案例展示，直观明了，便于理解。

• 实用性强

本书在设计内容时非常注重实用性，因此在书中有大量的图示案例，内容环环相扣，将大家关注的问题进行深入讲解，实用性强。

在众多平台的直播间中，那些能够坚持下来而且还能盈利的商家或主播，他们无不在持续地升级自己的直播工具和思路策略。因此，不管你选择在哪个直播平台带货卖货，都需要用心经营，并且不断地提升自己的软实力，而本书正是帮助你成长的"一剂良方"。

特别提示： 本书在编写时，是基于当前各直播平台和软件截取的实际操作图片，但书从编辑到出版需要一段时间，在这段时间里，软件界面与功能可能会有调整与变化，比如有的内容删除了，有的内容增加了，这是软件开发商做的软件更新，请在阅读时，根据书中的思路，举一反三，进行学习。

本书由徐茜编著，由于作者知识水平有限，书中难免有错误和疏漏之处，恳请广大读者批评、指正，沟通和交流请联系微信：2633228153。

编　者

2022 年 2 月

目　　录

第 4 章

选择主播：如何快速打造优质带货主播　　73

　　一场直播中，观众最先看到的是主播，就好像一件商品的包装一样，直接决定了观众能否留在直播间。因此，选择一个好的主播至关重要。此外，选择主播是第一步，还需要快速打造一个优质主播，从而快速吸引观众的注意力。

4.1　寻找主播资源的常用渠道　　74

4.2　农产品主播的个人形象准备　　87

4.3　快速打造农产品主播矩阵　　89

第 5 章

选择场景：搭建高人气农产品直播场景　　97

　　主播是直播间的核心与灵魂，但场景也是一种点缀，有着同样重要的作用，一个好的场景能带来更高的转化率。当然，直播间的场景有很多种，主播可以根据产品适当地选择直播的场景。

5.1　农产品直播带货的主要场景　　98

第 **6** 章　直播脚本：直接套用即可出单 10 万＋　117

直播的画面非常形象、生动，而且在直播间内不会受到其他同类商品的影响，因此，直播带货的商品转化率比其他内容形式要更高。本章将介绍农产品直播带货的脚本策划技巧，帮助商家更加高效地进行直播带货，获得更多的粉丝和收益。

播提升直播间的人气。一个好的主播应掌握直播预告的技巧，本章将介绍如何做好直播预告。

第9章　促单技巧：让农产品直播间的订单大涨　193

在直播过程中，主播需要不断地跟粉丝进行互动和沟通，用自己的说话技巧来吸引粉丝目光与获取流量，从而使农产品卖出去，提高自己的带货效果。本章将介绍农产品直播带货的相关技巧，提升粉丝下单的积极性。

第 10 章 销售技巧：让农产品直播间的销量翻倍 213

主播在农产品直播间卖货时，如何把产品销售出去是整场直播的核心点。主播不仅需要运用说话技巧和观众进行互动、交流，同时还要通过活动和利益点来抓住观众的消费心理，从而促使他们完成最后的下单行为。

第**1**章

直播准备：
搭建专业农产品
带货直播间

主播进行农产品直播带货时，通过有效的宣传手段可以让消费者更好地认识产品，从而增加直播销量。大部分人做直播就是通过电脑、手机，准备个麦克风和摄像头，简单直接，搭建一个专业的带货直播间更能促进农产品的销售。

1.1 完善好农产品直播的各项准备

随着直播电商的兴起、农产品的大量上市，农产品销售也由线下转到线上。在进行农产品直播前，最重要的就是要做好直播的准备工作，只有做好了直播前的各项准备工作，整个直播过程才能更加流畅、顺利。

优秀的直播间能够增强商品氛围，促进买家下单。本节主要介绍布置农产品直播间的一些基本要素，帮助商家做好直播的准备工作，为之后的直播打好基础。

1.1.1 直播场地

对于目前的"直播潮流"，大多数人更关心主播和优质的商品，对于直播的场地常常会被直播团队或企业忽视。其实，场地也具有很重要的作用，一个好的直播场地不仅可以为视频创作和直播带来稳定的、具有成本效益的拍摄结果，还可以帮助团队提高整体的视觉效果并带来无限的创作空间，在众多视频或直播中脱颖而出，获得更多曝光量。室外直播和室内直播的场地选择技巧如图1-1所示。

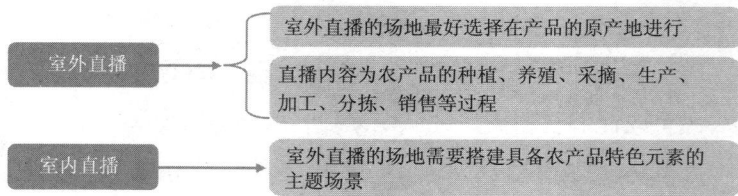

室外直播	室外直播的场地最好选择在产品的原产地进行
	直播内容为农产品的种植、养殖、采摘、生产、加工、分拣、销售等过程
室内直播	室外直播的场地需要搭建具备农产品特色元素的主题场景

图 1-1 室外直播和室内直播的场地选择技巧

农产品类的商家在直播时可以选择将原产地作为直播的主要场景，这样既可以让观众感受食材的鲜美，也可以通过屏幕了解产品的真实情况。除了原产地以外，农产品整个的生长、生产和加工环节都可以通过直播实时地展现给观众，如农产品的种植、养殖、采摘、生产、加工、分拣、销售等过程。借此观众可以更直观清晰地了解农产品从原材料到成品的各个环节，从而提高消费者对农产品的信任度。

例如在室内直播，商家还可以通过在直播间搭建具备农产品特色元素主题场景的方式，增强视觉效果，吸引消费者，提高产品的销量。

图 1-2 所示为某农产品直播间的直播场地，就是选择在室外进行直播，而且直播场景为农产品的采摘过程，可以让观众非常清晰地了解到整个产品的生产环节，增强说服力，促进观众下单。

图 1-2　将农产品原产地作为直播场地

1.1.2　背景装饰

除主播外，农产品的直播背景是一切观众可以看到的东西，观众的观看体验也与直播背景及装饰的好看与否有着密切的关系，好的直播背景和装饰更能吸引观众、留住观众。

1 直播背景

直播间的背景墙如果是白色的墙壁，则商家尽量使用饱和度较低的纯色墙漆或墙纸重新装饰一下，提升直播间的视觉效果。如莫兰迪色系就是非常好的选择，如图 1-3 所示。另外，商家也可以在墙纸上印上品牌的 Logo 或名称，增强观众对品牌的记忆。

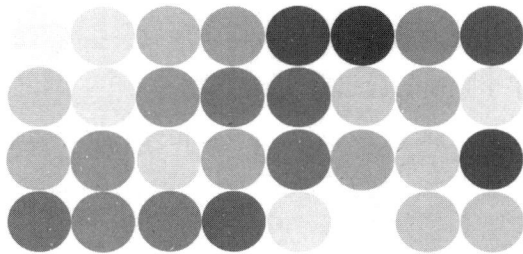

图 1-3　莫兰迪色系

商家在选择直播间的墙纸或墙漆等背景装饰物时，需要注意以下事项，如图 1-4 所示。

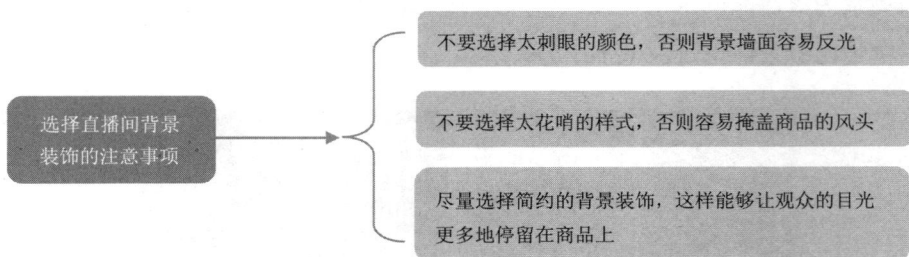

图 1-4　选择直播间背景装饰的注意事项

除了白色的墙壁以外，主播还可以选择窗帘或者背景布作为直播背景，其颜色可以选择让人舒服的颜色，如白色或者浅色，如图 1-5 所示。而深色的背景应该尽量规避，否则会让人有一种压迫感。

图 1-5　浅色系窗帘

2 装饰点缀

当商家的直播空间很大的时候，可以适当地放一些新鲜的其他农副产品，丰富直播背景，避免整个直播间看起来过于空旷。

如果直播时是节日，商家可以换上与节日相关的妆容和服饰，同时直播间内也可以适当地放置一些与节日相关的东西，如图 1-6 所示。

图 1-6　节日装饰直播间

3 置物架

当直播间的背景墙及墙纸风格不适合某场直播的时候，商家可以采用放置置物架的方式来进行调节。例如，在背景中放一个与产品相关的置物架，并在上面放置与直播产品相关的书籍、企业获得的资质荣誉或者其他相关产品等，如图 1-7 所示。

图 1-7　置物架

使用置物架摆放时，注意每个货架上都尽量摆放商品，同时摆放的商品要整齐，这样才能给直播间的观众带来舒适感。

1.1.3　网络设备

直播离不开网络，室内直播通常使用宽带或 Wi-Fi 等连网方式，如果经常要在果园或农田直播则需要使用无线网卡设备，手机直播还可以使用手机卡自带的流量，但直播时所需的流量通常较多，最好办理一个无限流量套餐。

不管是哪种方式，商家要保证整场直播的流畅度，都需要确保直播时的网络畅通，因此建议上传速度保持在 20 MB/s 左右，这样直播才不会出现卡顿的情况。商家可以使用一些测速软件来查看自己的网速是否达到要求，如图 1-8 所示。

图 1-8　网速测试

1.1.4　灯光设置

灯光具有营造气氛和风格的功能，良好的灯光效果可以使现场直播效果更好。一方面，灯光包含着多种类别，不同的类别组合起来会产生不同的效果；另一方面，灯光摆设的位置及灯光照射方式的不同，也会产生不同的效果。因此，很多人刚开始做现场直播的时候，不知道应该如何处理直播间的光线问题，造成直播现场很昏暗，视觉体验差。

1 散光源

光线太强、太弱都会影响直播的效果，当直播间内光线太强的时候，如果在条件允许的情况下，可以用 LED 补光灯和柔光灯箱作为光源，形成散光源效果，这样的搭配效果更好，如图 1-9 所示。如果条件不允许，可以选择白布进行遮挡，防止光线太强影响直播效果。

如图 1-10 所示，柔光灯箱则通常需成对购买，可以放在主播或商品的两侧，其光线均匀柔和，色彩饱和度更好，层次感更丰富。

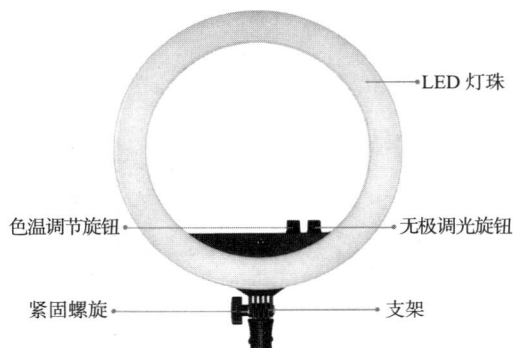

图 1-9　LED 环形灯

图 1-10　柔光灯箱

<u>2</u> 打光

通过补光灯和反光板相结合的方式来打光，将光源直接照射面向直播的正面的墙，反光板漫反射的温暖的光线会使主播看起来更好看。基本照明包括冷光和暖光，两者结合布置出合适的直播间光线。

如图 1-11 所示，打光板可以折叠，携带方便，在户外直播也可以轻松携带，且该打光板利用反光板反射光线，补充柔和光线，柔光效果好。

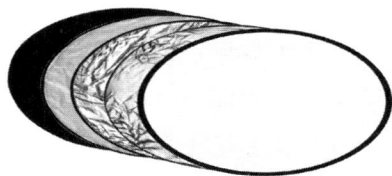

图 1-11　打光板

1.1.5　摄像工具

摄像设备主要是手机和摄像头，分为以下两种情况。

第一种是使用手机进行直播，这是农产品商家直播时使用较多的设备。一般农产品直播需要到原产地，这时用摄像机就很不方便，而手机则可以随身携带，随时随地进行直播带货。

手机有着各种型号，不同型号的配置也不一样，直播时所呈现的效果也有所不同。当然，主播在直播时也可以使用 2 ～ 3 部手机，一部手机做现场直播，另一部做互动，还有一部检查现场数据，如图 1-12 所示。

第二种是用专业的摄像头。现在市场上有很多专业的高清摄像头，一些比较专业且有经济能力的团队就会选择用专业摄像头，因为摄像头具有画面清晰、自动曝光等优势，能够在直播时更好地展示产品，如图 1-13 所示。

图 1-12　手机直播间

图 1-13　摄像头

1.1.6　耳麦设备

商家使用笔记本电脑进行直播时，如果是品牌好的笔记本电脑，其自带的麦克风也相对较好，可以直接使用。如果是一般的台式电脑或者笔记本电脑，效果相对较差，可能会出现杂音，不推荐使用。

手机的麦克风通常比计算机要好，不仅可以采集到清晰的声音，而且声音的输出也比较稳定、清晰，不过也只能满足基本的直播要求，适合在比较安静的环境下使用。

所以，无论是使用电脑还是使用手机直播，建议商家购买一个独立麦克风，能够让直播中的声音效果更加甜美动人，如图 1-14 所示。此外，农产品的直播有的是户外直播，在选择耳麦设备时还可以选择带独立供电的麦克风和耳返的耳机，这样直播的时候声音会比较清晰也省电，如图 1-15 所示。

图 1-14　独立麦克风

图 1-15　独立供电的麦克风

独立麦克风一般包括动圈麦克风和电容麦克风两种类型，两者的主要优缺点如图 1-16 所示。

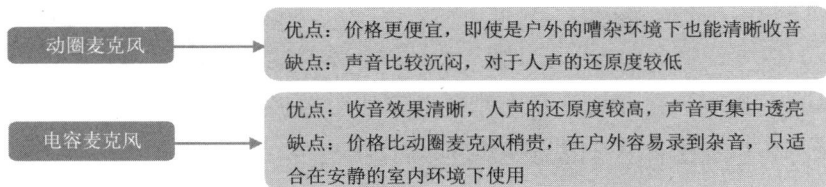

图 1-16　动圈麦克风和电容麦克风的优缺点

1.1.7　声卡设备

声卡（Sound Card）也称音频卡，是多媒体技术中最基本的组成部分。麦克风主要用来采集声音，而声卡则主要用来处理声音，可以把麦克风收录的声音传输到电脑或手机上。

1 手机声卡

市场上比较好的声卡品牌非常多，如 RME、雅马哈、森然、富克斯特、艾肯、莱维特及得胜等。其中：RME、得胜、莱维特和森然这几个品牌比较适合手机直播。图 1-17 所示为森然（Seeknature）播吧四代（简称播吧Ⅳ）直播声卡的连接方式。

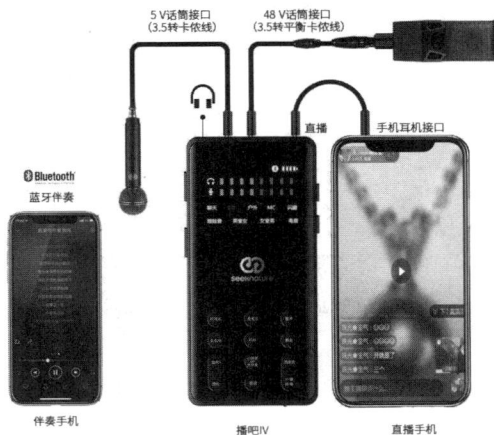

图 1-17　播吧Ⅳ的连接方式

手机声卡的主要优势在于性价比较高，内置大容量电池，能够实现长期续航，而且可以兼容各种 App 和直播平台。

2 电脑声卡

电脑声卡主要分为内置和外置两种，根据电脑类型各有不同的合适种类。

（1）内置：适合台式电脑。由于台式电脑本身的主板就可以插上声卡，可考虑从种类丰富的内置做挑选，这样主机周围就不会因为配件过多而凌乱不堪。图 1-18 所示为创新（Creative）AE-9 内置声卡。

图 1-18 创新（Creative）AE-9 内置声卡

（2）外置：可搭配笔记本电脑。笔记本电脑的主机是无法插卡的，而且其原本的内置声卡性能也普遍不高，因此需要外接声卡来补足效能。外置声卡与内置声卡相比，外置声卡拥有更加丰富的接口及强大的扩展功能，具有更好的声音品质，以及多样化的变音效果和场景音效。因此，价格也相对昂贵。图 1-19 所示为艾肯（iCON）4nano 外置声卡。

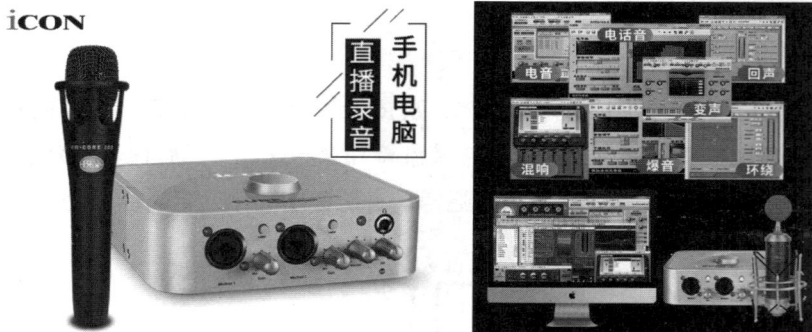

图 1-19 艾肯（iCON）4nano 外置声卡

1.1.8 产品摆放

下面介绍两种常见的农产品直播间摆放方式，商家可依据产品和类目自行选择。

1 货架式

货架式是通过在货架上摆放产品的方式，这种方式适用于小件商品、外部特征明显的商品。这样摆放呈现琳琅满目的感觉，但是注意一定要整整齐齐，如图 1-20 所示。

使用货架摆放商品时，需要注意以下事项，如图 1-21 所示。

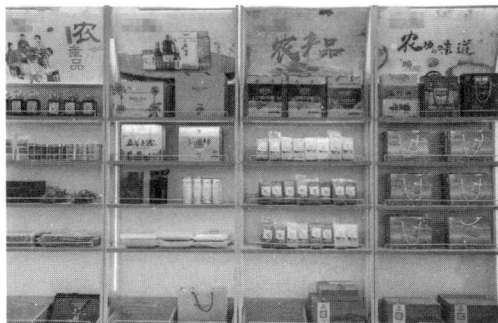

图 1-20　货架摆放

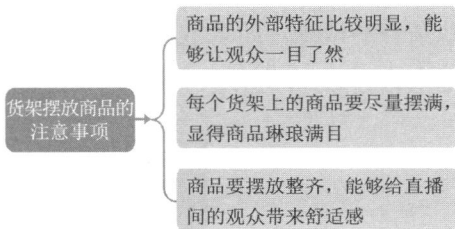

图 1-21　货架摆放商品的注意事项

2 桌面摆放

除了可以使用货架摆放外，还有一种常见的方式就是在桌面上摆放商品。不同类目的商品，摆放方式也有所差别，这种方式比较适合美食生鲜类商品。通过在桌面上摆放一些美食生鲜类的商品，并且主播拿出一些食品进行试吃，可以让直播画面显得更加诱人，激发用户的购买欲望，促进转化率，如图 1-22 所示。

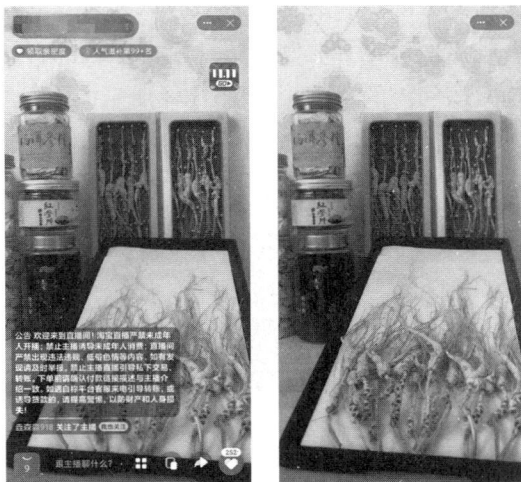

图 1-22　直播间桌面摆放

1.1.9　隔音装置

农产品直播主要是通过画面和声音来打动观众，促使他们下单购买商品。因此，商家需要选择一个比较安静的直播场所，以及做好直播间的隔音处理。

1 墙体隔音

商家在室内进行直播时，要注意隔音，提前做好准备，保证在直播时没有其他杂音的干扰。如果室内的隔音条件较差，就要做一些隔音处理，如隔音海绵，可以将它贴到门窗缝、空调孔等位置，如图1-23所示。

图1-23　隔音海绵

2 减弱回声

直播时一般会使用麦克风，麦克风通常会有放大音效的作用，所以在其作用下，直播时即使只有一点回声也会非常明显，墙面贴过隔音海绵后，地板上可以铺上隔音地毯，达到减弱回声的目的，如图1-24所示。

图1-24　隔音地毯

1.2 农产品直播团队的分工

近年来，直播带货一直都是备受关注的热门话题。一场农产品直播是由多人组成一个统筹全场的团队，各自负责相应的事务。本节来分析一个直播团队是怎样进行分工合作的。

1.2.1 主播与助播

通常情况下，一个完整的农产品带货直播间包括主播、助播、运营、场控、数据分析及客服等工作人员。当然，有能力的商家也可以身兼数职，但同样需要理清这些直播角色的功能，这样才能够事半功倍，提升直播间的带货效率。

1 主播

在进入直播间时，主播是观众最先看到的人物，对观众是否愿意进入直播间有很大的影响。

主播的职责是讲解产品、活动介绍、统筹全场、粉丝互动等，如图 1-25 所示，因此就需要主播在直播前做好准备、了解产品，并且有足够的控场能力。因为主播是直接连接产品、商家和消费者的窗口，所以主播最好在开播前对产品和活动有足够的了解，并且具备一定的相关行业知识。

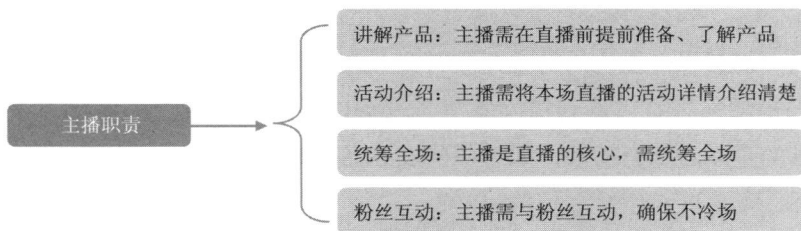

主播职责 →
- 讲解产品：主播需在直播前提前准备、了解产品
- 活动介绍：主播需将本场直播的活动详情介绍清楚
- 统筹全场：主播是直播的核心，需统筹全场
- 粉丝互动：主播需与粉丝互动，确保不冷场

图 1-25　主播职责

商家在选择主播时，或者将自己打造为店铺主播时，还需要具有一些基本要求，具体如图 1-26 所示。

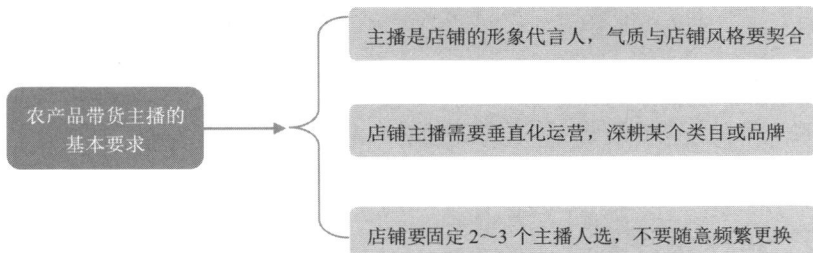

农产品带货主播的基本要求 →
- 主播是店铺的形象代言人，气质与店铺风格要契合
- 店铺主播需要垂直化运营，深耕某个类目或品牌
- 店铺要固定 2~3 个主播人选，不要随意频繁更换

图 1-26　农产品带货主播的基本要求

2 助播

顾名思义，助播是主播的助理，是帮助主播完成一些直播工作的助理，其主要工作是确定直播主题，在直播中帮助主播保证直播流程正常运行等，助播的具体工作内容如图 1-27 所示。

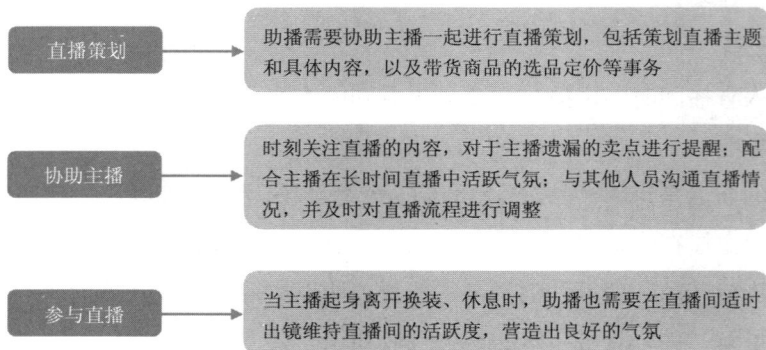

直播策划	助播需要协助主播一起进行直播策划，包括策划直播主题和具体内容，以及带货商品的选品定价等事务
协助主播	时刻关注直播的内容，对于主播遗漏的卖点进行提醒；配合主播在长时间直播中活跃气氛；与其他人员沟通直播情况，并及时对直播流程进行调整
参与直播	当主播起身离开换装、休息时，助播也需要在直播间适时出镜维持直播间的活跃度，营造出良好的气氛

图 1-27　助播的具体工作内容

助播可以与摄像机内外的主播进行交互和引导。例如，可以使用问答对话的形式，轻松增强气氛，使直播间不至于安静，从而起到锦上添花的作用。但并不是所有的直播间都有助播，如有一些农产品商家就通过自己进行直播，不需要助播。

但像一些比较正式的大型直播间，往往会配备助播，甚至当直播间人数较多，主播的粉丝量较大，粉丝活跃度较高的时候，就需要增加一些助播人数。当然，一个助播每天也可以协助多个主播来延长自己的工作时间，从而获得更多收入。

>> 专家提醒 >>>>>>.. .>>>> .>>>>>>

助播其实是比较培养自我的一个职业，能够在直播间身兼数职，很有发展潜力。例如，助播可以发展成为运营主管，培养更多定位精准的专业型小主播，成立自己的直播团队或机构等。

1.2.2　直播运营人员

直播运营人员的作用非常重要，相当于导演在拍摄中的作用，是一个统筹型的工作，可以说是直播间的负责人，直播运营人员的职责如图 1-28 所示。

（1）负责直播整体运营，包括直播玩法设计（活动策划、盈利点、营销点、秒杀等）、产品组合销售、直播产品调度、直播流程及脚本、协调直播间的问题、直播站点控制（关键词屏蔽、授权管理员安排等）等。

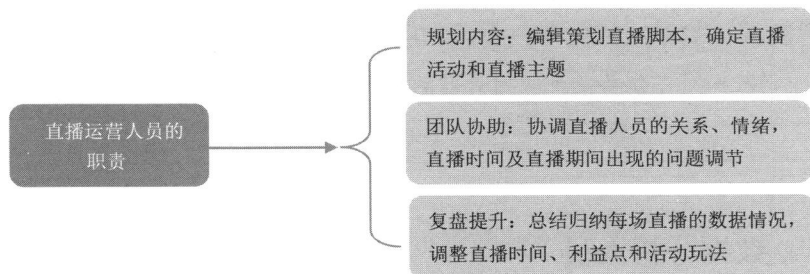

图 1-28 直播运营人员的职责

（2）团队协作，包括封面图拍摄、蓝图、产品采样、奖品发放、仓储部门调整等外部调整，以及直播者关系情感调整等内部调整，包括直播时间、直播期间出现的问题调整等。

（3）审核工作完成后，根据部门工作人员的配合结果和消费者数据反馈情况进行审核，对上一财年制订的计划和目标进行详细的数据审核。

通常情况下，直播间运营都具有一定的成本及营销意识，能够通过一系列的运营策划把直播间做得更好。对于大商家来说，可以多设置一些运营岗位，如内容策划运营、渠道宣传运营及选品对接运营等，这样做能够更好地把控直播运营数据。

1.2.3 直播场控人员

对于主播来说，直播间的场控是一个炒热气氛的重要岗位，不仅可以帮助主播控制直播间的节奏，解决一些突发状况，而且还可以引导粉丝互动。直播间场控的具体要求如图 1-29 所示。

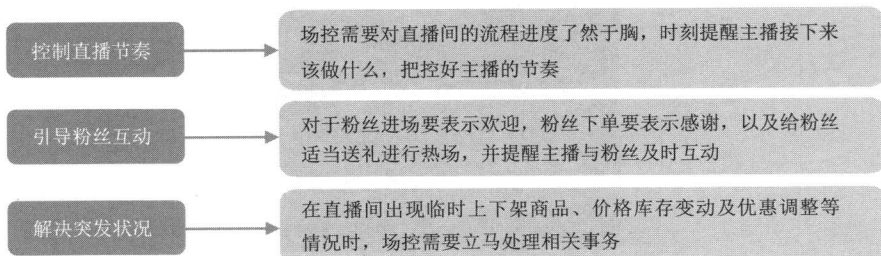

图 1-29 场控的具体要求

对于一些小商家来说，如果运营人员的时间足够多，同时能力也比较强，那么也可以由运营来兼任直播间场控一职。

>> 专家提醒 >>>>>>.. .>>>> .>>>>>>

场控人员不仅要关注直播台前的指令，还要关注直播后台的数据，进行库存核对，以防产品超卖。

1.2.4　数据分析人员

数据分析人员通过收集和分析数据，并在发现问题时提出优化建议。优秀的数据分析人员通过数据不仅仅能看到直播间的流量不好，进而得出要增加交付预算的结论。他们需要能够从一个节点链接整体，为整个直播计划提供全面的优化建议。数据工作就像一条生产线的最后一步，专注于收集、整理、分析、提出改进建议，与整个团队召开会议，兼顾整体的同时细化到每个点。

图 1-30 所示为抖音单场的直播数据截图，从图中可以看出观众总数、新增粉丝、付费人数等，数据分析人员可以根据这些数据对本场直播进行分析，以便以后更好地进行直播。

图 1-30　抖音单场直播数据

图 1-31 所示为农产品近 7 天在抖音上的直播数据，通过这些数据可以了解到抖音直播平台关于农产品的直播情况，并与自己的直播情况相对比，找出不足与优势，完善直播策划。

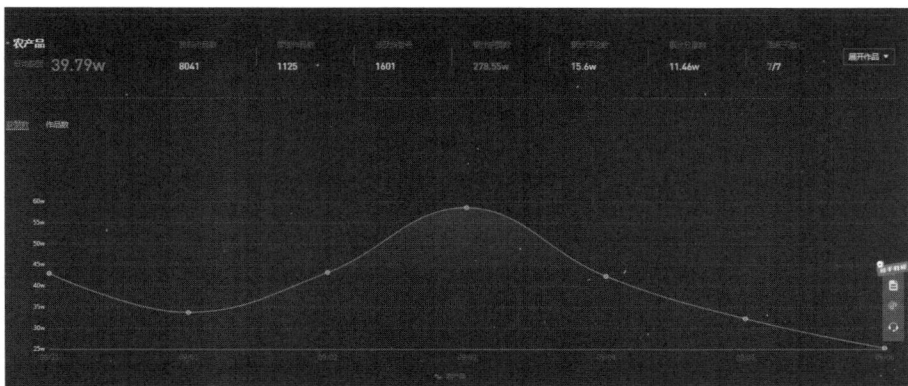

图 1-31　农产品直播数据

1.2.5　直播客服人员

直播间客服的主要工作是引导买家观看直播和下单，同时解决观众在直播间提出的问题，促进直播间的成交转化率。直播间客服人员的具体工作内容如下。

（1）负责回答在直播过程中客户有关农产品售前、售后等问题。

（2）在直播过程中，由于观看的人数较多，通常会出现多个用户同时询问发货时间、产品相关的问题，这时就需要客服人员能够及时回答、反馈，从而给到用户更好的购物体验。

（3）好的客服可以在一定程度上提高并带动整个直播的销售额。在用户购买产品后出现各种问题，包括出单、物流、复购等，客服人员如果能够高效处理，那么买家的复购率也会有所提升。

（4）跟踪前一天的物流售后问题及前一天的物流情况，并制作表格。

（5）定期和不定期地对客户进行回访。

（6）发展并维护与客户的良好关系。

例如商家是拼多多平台的，商家可以进入拼多多商家后台的"多多客服→客服工具→分流设置"页面，完善店铺的售前和售后客服分工，提升客服团队的接待效率和买家咨询体验，进而提升店铺的转化率，如图 1-32 所示。

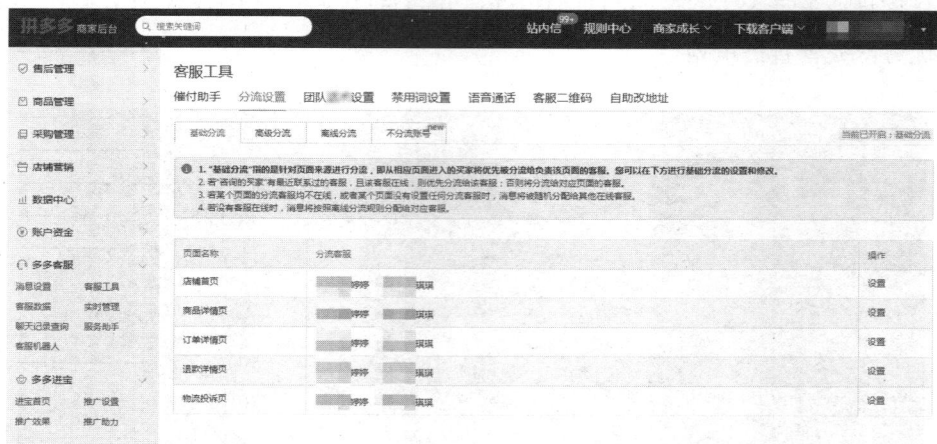

图 1-32　拼多多店铺客服分工设置

第 **2** 章

选择产品：
哪些农产品更适合
直播带货

选品是直播带货的第一步，也是最重要的一步。选择好的产品可以带动直播间的观看量，从而提高转化率。因此，本章就如何选品及产品的包装设计进行详细的介绍，帮助农产品主播更好地进行直播带货。

(2.1) 产品选得好，卖货没烦恼

俗话说：产品选得好，卖货没烦恼。众所周知，影响一场直播的成功有三个重要因素：人（主播）、货（产品）、场（直播场地）。

产品的选择很关键，选择一个好的产品，直播也就成功了一大半，如果产品没选好，即便直播间的人数再多，人气再旺，也会出现零转化率的现象。本节就来看一下农产品直播应该选择什么样的农产品。

2.1.1 选择大众化的产品

产品是用来解决大众需求，改善大众生活的。因此，相对于小众化产品及高价值的产品，大众化的产品更能吸引用户的眼光。大众化的产品是满足大部分人需求的产品，因此其消费的人群越多，直播间卖出的数量也就越多。

如图 2-1 所示，直播间带货的产品为苹果，属于大众化产品，观看的人数较多，购买的数量也较多，在直播间就更加受欢迎；如图 2-2 所示，直播间带货的产品为花椒，这是一种小众产品，因此观看该直播间的人比较少，其购买的数量也不如苹果等大众产品多。

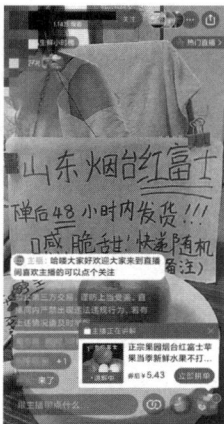

图 2-1　苹果直播间

图 2-2　花椒直播间

2.1.2　选择价格实惠的产品

消费者为什么会选择在直播间购买商品呢？一是为了方便，二是便宜。直播间的本质就是以最低的价格买到好的商品。在直播间，除了主播及商家了解该产品的特性之外，大多数人看直播最看重的就是产品的性价比。直播带货平台也只是所有卖货工具中的一种，因此，作为直播购物平台的一种工具，依然符合并遵守着物美价廉的基调。直播间出售的农产品要比其他同类的农产品价格低，但是质量方面一定不能落后，也就是要做到高性价比，确保给到观众的价格是足够实惠的，同时质量也有一定保障，这样才能提高粉丝的购物体验。

对于一般的直播间来说，高价位的产品很难销售出去，低价位或者高性价比的产品才符合消费者心中理想的产品定位。

此外，直播间带货属于一种冲动式的消费，通过给观众带来一定的感官刺激，从而达到让消费者冲动消费的目的。因此，如果价格更低，则消费者顾虑的时间更少，更能让消费者在短时间内迅速做出购买的决策。从消费行为来看，同类产品如果价格每增加一点，用户考虑和犹豫的时间就会增加很多。

如图 2-3 所示，商家在直播间的购买链接前面特地标注了"超低价"，吸引粉丝购买。而在另一个直播间中，主播在直播间用文字的形式写下"高性价比的水果"，如图 2-4 所示。

图 2-3　"超低价"农产品　　　图 2-4　高性价比农产品

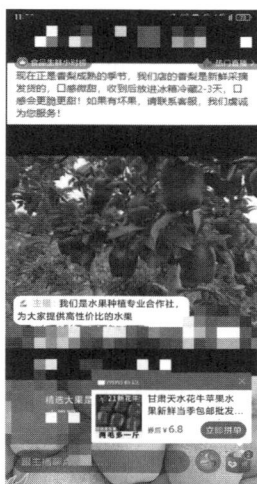

2.1.3 选择复购率高及复购频次密的产品

随着互联网的不断发展，获得一个新的消费者的成本也在不断增加，而所获取的流量到有效的会员再到用户的第一次下单之间的转化却在不断地减少。如果将用户持续单次购买下单作为运营重点，其成本会一直降不下来，这种极度损耗金钱换来的转化率不是所有的产品及商家都能够承受的，尤其是农产品。

但是，如果从一开始主播就选择一些复购率高的产品，其市场就不用重新拓宽，获取新客的成本也会极大地减少。

复购率有以下三点很关键，如图 2-5 所示。

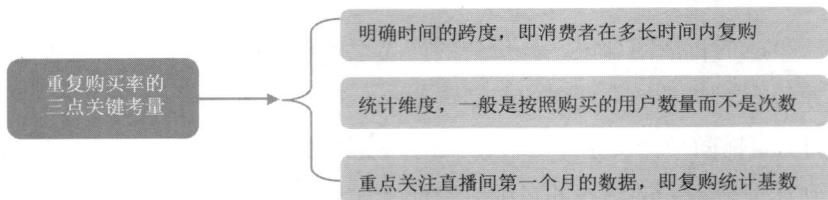

图 2-5　重复购买率的三点关键考量

首先，需要了解复购率的时间问题，即用户复购商品的时间。对于农产品直播电商来说，时间过长或过短的购买行为都不合适，最好每个月统计一次。

其次，是以什么来统计，通常是基于购买该产品的人数，而不是用户购买的数量。受多种因素的影响，用户购买的次数可能会有所变化，所以当一个用户在直播时多次购买商品，也只是记录一次的购买记录。也就是说，只要还能确定这个用户还在我这个直播间购买，那么该用户就还算是我的用户。

还有一点就是购买的第一个月的数据，首月的数据是第一次购买的用户数，而不是购买的数量及注册用户的人数，这是作为回购统计的依据。比如，某个用户是在 3 月注册店铺的会员，但是他到 6 月才开始购买，那么就只能从 6 月才开始统计复购。

一般来说，复购率达到 50% 是正常的，那么如何计算重复购买率呢？有以下两种方法。

- 直播间内，所有购买过该农产品的用户重复购买的次数。假如有 200 个用户在直播间内购买了该农产品，其中有 100 个用户是重复购买的，那么重复购买率就是 50%。

• 就购买次数而言，是再次购买该产品的次数 ÷ 总购买次数。例如，如果 3 月完成的 10 笔交易中有 4 笔是第二次购买，4 笔交易中有 1 笔是第三次购买，那么当月重复购买次数为 5 次，重复购买率为 50%。

2.1.4　选择适合运输的农产品

农产品不同于其他产品，农产品往往体积大，运输量大，且对物流的要求很高，因此运输的难度大，运输的成本高，有的农产品为了保证其新鲜的程度甚至需要走冷链运输，如肉类、奶制品，以及容易变质的简单加工的农产品。

所以，商家在选择农产品的时候应该选择一些适合运输的农产品，农产品运输存在以下几个难题，如图 2-6 所示。

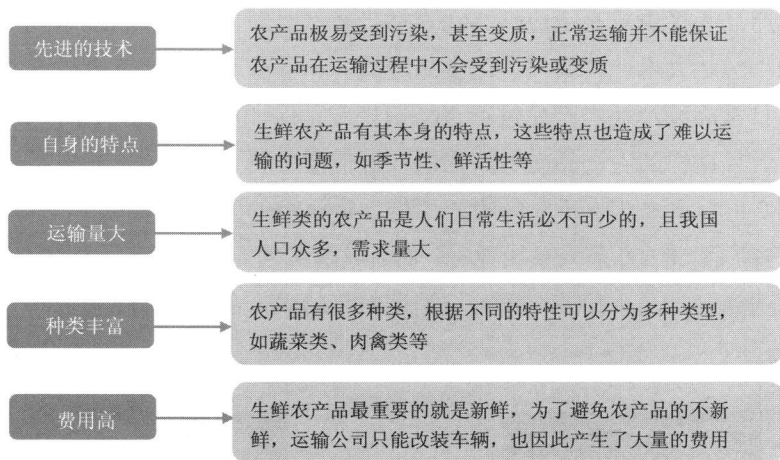

先进的技术	农产品极易受到污染，甚至变质，正常运输并不能保证农产品在运输过程中不会受到污染或变质
自身的特点	生鲜农产品有其本身的特点，这些特点也造成了难以运输的问题，如季节性、鲜活性等
运输量大	生鲜类的农产品是人们日常生活必不可少的，且我国人口众多，需求量大
种类丰富	农产品有很多种类，根据不同的特性可以分为多种类型，如蔬菜类、肉禽类等
费用高	生鲜农产品最重要的就是新鲜，为了避免农产品的不新鲜，运输公司只能改装车辆，也因此产生了大量的费用

图 2-6　农产品运输存在的难题

2.1.5　分析客单价和农产品的毛利率

在品类上，农产品的质量与价格是影响转化率最大的两个因素。农产品的品质、口感和口碑等，往往能影响用户下单的意愿。这些综合品质的好坏和用户体验是息息相关的，进而又决定了直播的口碑和用户后续的复购行为。

目前是流量、运营成本高的市场环境，在此环境下，如果一款农产品没有合理的能获得利润的空间，那么这款产品最终也难以发展下去。当主播在收到产品后，一般会在原价提高几倍后在直播间出售。也就是说，当主播拿到的某款农产品，其单个的定价是 19.9 元，其成本是 6 元左右。倒推来说，主播在选品时，拿到产品的价格是 4～5 元，主播需要给自己留下了一个合理的获利空间。

产品具有性价比高的优势，量产与高利润的结合，既可以弥补通过不同组合的渠道产品的问题，又可以平衡数量与利润之间的发展。

除了毛利率外，还应分析农产品的客单价。客单价即平均交易金额，是指每一位顾客平均购买商品的金额，如图 2-7 所示。

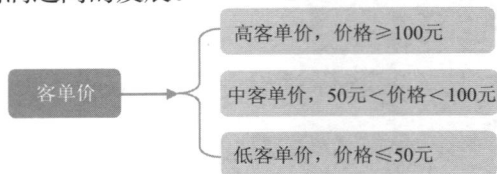

客单价	高客单价，价格≥100元
	中客单价，50元＜价格＜100元
	低客单价，价格≤50元

图 2-7　客单价

2.1.6　选择的产品要有实用性

直播销售的转化率需要依赖产品本身，考虑到目标用户群体，刚需高频的日常消费农产品无疑更具有适应性。在直播带货选品时，最好优先考虑日常高频消费品，如小包装大米、调料、休闲食品等。

选择日常高频消耗农产品进行直播销售，是保证后期回购率的一个相对较好的技巧，而且这样的农产品有着较强的社群传播号召力。

如图 2-8 所示，直播间选择的产品是日常所需的大米，因此，其观看直播间的人数较多，有 10 000 多人在线观看，而且其购买的人数也较多。如图 2-9 所示，其直播间选择的产品为葫芦，这种低消费频率的农产品观看人数就很少，只有不到 200 人。

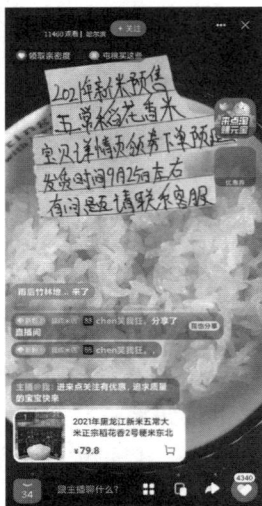

图 2-8　大米直播间

图 2-9　葫芦直播间

2.1.7　农产品具备良好的消费体验

农产品一定要具备良好的消费体验。当客户对于产品的消费体验很满意时，产品才能树立起良好的口碑，复购率也会不断增加。所以，在直播间带货选择产品时，主播一定先要做好产品的体验调查，必须充分了解产品的优缺点，这样才能选择好的农产品，提高销量。

怎样才能知道该农产品是否具有良好的消费体验呢？可通过下面几个步骤进行分析。

（1）熟悉农产品。了解产品是一切的基础，你可以根据自己的经验和意见来体验并感受其优缺点。农产品的优劣不仅体现在视觉和交互方面，还体现在食用体验上。在选择产品时，每个人都是消费者，大胆地去感受、思考并给出意见，然后记录消费者的想法并整理出来，第一感觉往往是最真实的。

（2）客户体验信息采集。包括客户体验数据的采集、客户满意度、客户复购率等。数据采集时要以目标为导向，以受众为基准。

（3）体验信息统计。事实上，信息收集是信息分析的基础。统计指标具体分为产品属性指标、特殊目的指标和客户属性指标，如图 2-10 所示。

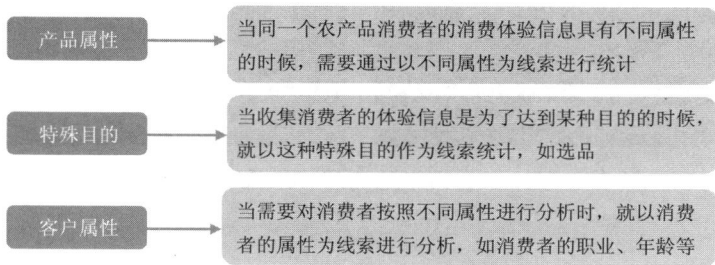

产品属性	→	当同一个农产品消费者的消费体验信息具有不同属性的时候，需要通过以不同属性为线索进行统计
特殊目的	→	当收集消费者的体验信息是为了达到某种目的的时候，就以这种特殊目的作为线索统计，如选品
客户属性	→	当需要对消费者按照不同属性进行分析时，就以消费者的属性为线索进行分析，如消费者的职业、年龄等

图 2-10　统计指标

（4）体验信息分析。信息分析是所有工作的核心。通过对消费者体验的分析，可以了解消费者对农产品的好恶和农产品的优劣势，从而在选择某些产品时快速选到合适的农产品。

2.1.8　最好选择品牌特色农产品

现在市场上的农产品琳琅满目，主播可以选择的产品很多。主播可以选择特色农产品，也可以选择产量相对较低的农产品，但在两者之间，最好选择特色农产品。一方面，它具有一定的地域性；另一方面，大家也熟知，从而更好地提高转化率。在这个基础上，你所选择的特色农产品最好是品牌农产品。

例如，"青岛苹果""东北大米"等有区域品牌的农产品，本身就具有品牌效应，再加上直播带货便宜、方便的基调，更能刺激消费者的购买欲望。另外，这种有区域品牌的农产品，消费者更加相信其品质，对其农产品的安全性也更有把握。所以，主播最好选择具有区域品牌的特色农产品，这样在直播间的购买率也会提高。

一个好的品牌更能提高转化率，主播在选择产品时，如果有条件可以挑选一些有名气的产品。这类产品一般品质都会有所保障，从而可以在一定程度上防止售后服务难题，也可以提高直播间用户的购买率。图 2-11 所示为产自山东青岛的苹果及东北的大米。

图 2-11　产自山东青岛的苹果及东北的大米

2.2　如何对农产品进行包装设计

随着消费水平及文化层次的提高，人们的审美能力也在不断地增强。人们在购买农产品时不仅在意农产品的质量问题，还会在意农产品的包装设计。

一个好的产品包装会更加让人赏心悦目，购买的欲望也会增强。此外，人们的环保意识也在不断增强，原来的低档传统包装已经无法适应当今的市场。因此，直播农产品的包装设计上一定要在短时间内抓住消费者的眼球。

2.2.1　产品定位清晰

要想做好产品的包装设计，首先确定选择的产品想传达什么样的价值主张、质量、销售场合、主要买家、他们的价值观、审美品位和购买习惯。有时客户购买产品不是因为你的产品质量，而是因为你的产品在他们需要时可以帮助他们解决问题。并不是说产品的质量不需要关注，产品的质量只决定了消费者是否会继续购买你的产品，但问题能否得到解决，决定了消费者是否会第一次购买你的产品。

解决消费者问题的关键就是产品卖点。正因为消费者只关心自己感兴趣的东西，所以只有为农产品找到一个消费者感兴趣的卖点，才是解决问题的根本方法。因此，在做设计包装时要时刻关注消费者的问题，解决消费者的问题，在生活中有很多事情都需要去做选择，例如在生活中想吃饭不想自己做、不想早起上班等，但"鱼与熊掌不可兼得"，这些是普遍存在的问题，这些问题已成为消费者行为背后的动力。

产品的卖点就是消费者消费的理由，而它取决于产品定位，因此做好产品定位才能更好地销售产品。产品定位的方式有很多种，但由于农产品与一般产品的特点不同，其定位方式也各有特点。

1 根据农产品质量和价格定位

产品质量和价格本身就是一个定位，一般来说，在消费者眼里，价格越高，产品质量越好。农产品价格相对于其他产品来说普遍偏低，通过对优质农产品设定较高的价格，以区别于普通农产品，满足消费者对优质农产品的需求，达到精准定位的目的，如图 2-12 所示。

图 2-12　价格不一的同类农产品

2 根据农产品的特性定位

农产品的特征包括其来源、生产技术、生产工艺、产地等。这些特征都可以作为农产品的定位因素。如图 2-13 所示，"无公害蔬菜"就是根据农产品的特点进行定位的。

图 2-13　无公害蔬菜

3 根据农产品的用途定位

同一种农产品可以有多种用途，如果某些农产品可以直接被消费者消费或用于食品加工，那么它们就可以有不同的定位。此外，当发现一种农产品的新用途时，也可以采用这种定位方法。

图 2-14 所示为花椒产品，花椒既可以作为调味料食用，还可以用于泡脚，商家就可以利用其不同的用途，从而进行不同的产品定位。

图 2-14　不同用途的花椒

4 根据消费者的习惯定位

很多用户在购物时都会注重便捷性，因此根据消费者的这一习惯可以采用开窗式或透明的方式来包装产品。图 2-15 所示为组合式的水果包装篮，这种包装可以让消费者更清楚地看到水果的种类，方便挑选。

图 2-15　根据消费者的习惯定位的水果包装篮

2.2.2 产品特色是关键

突出产品特色，如原生态形象、农产品区域特色等，能让消费者一目了然地看到产品状况的外包装，以及简洁明了的关键信息。清晰、井然有序的标签，才能获得消费者的青睐。

此外，任何类型的农产品都有其特定的背景，如历史、地理语境、人文风俗等，这些特征都可以在包装设计中得到恰当地运用。

图 2-16 所示为秀才茶叶包装盒，该包装将书与茶相结合，充分体现了中国元素，彰显特色，在直播间内展示时可以更好地了解茶中所蕴含的文化。

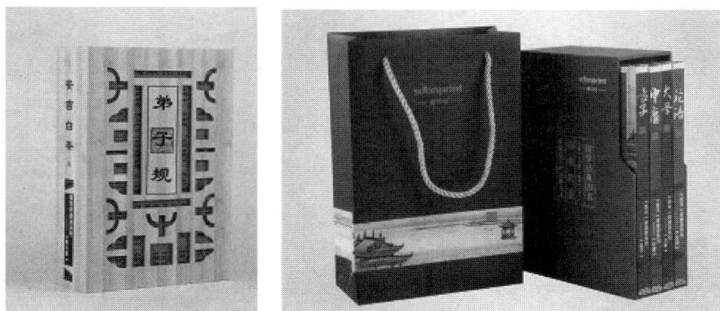

图 2-16　特色茶叶包装

2.2.3 突出产品卖点

卖点就是满足消费者的需求点，提炼出一个好的卖点，更能赢得消费者的青睐，因此在直播产品的包装上一定要突出卖点。如图 2-17 所示，在玉米的包装设计上突出了"有机玉米"的产品卖点，而在柴鸡蛋的产品包装上，将产品与致敬生命相结合。

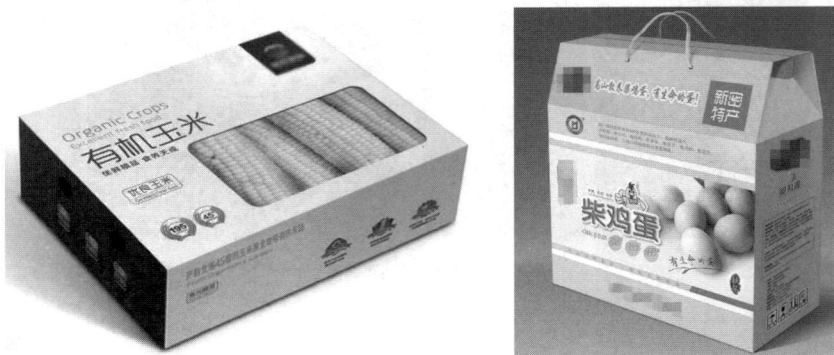

图 2-17 突出产品卖点的农产品

寻找产品卖点的五大原则，如图 2-18 所示。

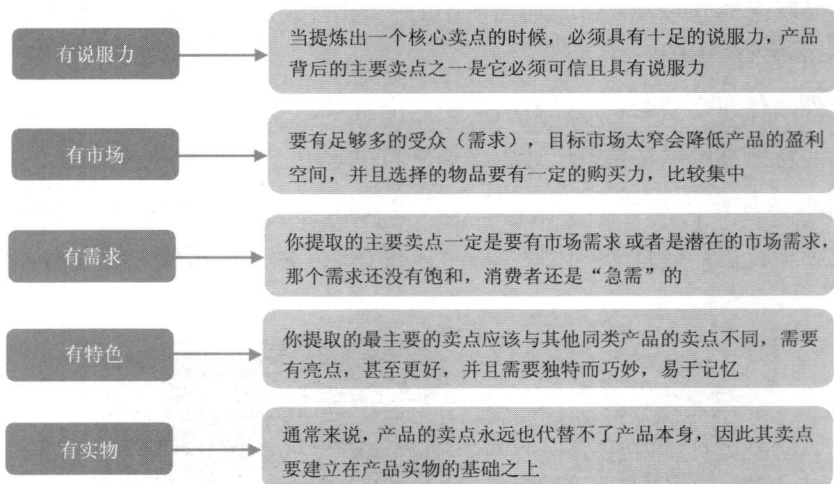

有说服力	当提炼出一个核心卖点的时候，必须具有十足的说服力，产品背后的主要卖点之一是它必须可信且具有说服力
有市场	要有足够多的受众（需求），目标市场太窄会降低产品的盈利空间，并且选择的物品要有一定的购买力，比较集中
有需求	你提取的主要卖点一定是要有市场需求或者是潜在的市场需求，那个需求还没有饱和，消费者还是"急需"的
有特色	你提取的最主要的卖点应该与其他同类产品的卖点不同，需要有亮点，甚至更好，并且需要独特而巧妙，易于记忆
有实物	通常来说，产品的卖点永远也代替不了产品本身，因此其卖点要建立在产品实物的基础之上

图 2-18 寻找产品卖点的五大原则

如图 2-19 所示，因鹿茸产量小，且具有补益气血、降低血压等功效，商家就以血量充足作为卖点。

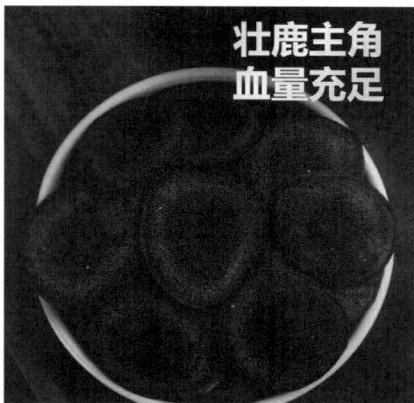

图 2-19　以血量充足作为鹿茸卖点

2.2.4　善于讲故事

消费者对产品的记忆有利于增加产品的附加值，好的产品记忆可以增加消费者信任度从而稳定客户，扩大客户群体。例如，可通过给产品的背后增加一个故事，加上故事的农产品更加值钱。

图 2-20 所示为指天椒的包装图，指天椒的产地为海拔在 800 m 以上的云贵高原上的天等县，四周皆为山。传说因上苍感动于当地民众的勤劳、毅力，特地将指天椒赏赐给他们，让他们在劳作时咬上几口，就能够迅速恢复清醒，从而保持精力继续劳作。

图 2-20　有故事的指天椒

图 2-21 所示为褚橙产品的包装。故事的主人公为褚时健，他在 75 岁时又重新创业，将普通的橙子"渲染"成"励志橙"。一方面，用户是因为褚时健对橙子的精心栽培，从而使种植的橙子更加甜美；另一方面也是因为想学习褚时健再次创业的精神，在失意后仍然不服输、永不放弃的精神，还有对橙子的栽种精心钻研的精神，以此来自我激励，成为更加理想的自己。

图 2-21 褚橙包装

1 产品故事的误区

以下有几点关于产品故事的误区。

（1）觉得产品故事就是一篇小文章

产品故事并不等于写一篇小文章，一个产品或者品牌背后的故事是一些企业或商家的期待，也是很多专业机构的通行做法。但是，有些产品故事在定稿以后只是一篇小文章，消费者看完后就忘记了，并不能发挥其真正的效用。主播也无法记住这些故事并运用到直播中，消费者也没有耐心去听。

（2）认为故事要"无所不包"

诚然，特色农产品所形成的故事是在深入研究当地的地域特征、产品特征、文化习俗及历史传承后，再结合目前市场消费者的需求、消费心理等形成的。但是，有的企业将所有与地方特产相关的地方内容都写进"故事"中，这其实是不可取的，这种表面上"整体"的方法实际上缺乏对核心内容的细化。通过把当地的文脉杂糅在一起，让消费者自己了解，也就造成最终无法带出最有价值品牌信息的结果。

（3）认为故事要"白璧无瑕"

其实我们不难发现，现在有很多地方衡量一篇农产品故事的好坏标准，取决于这篇故事的辞藻、文风及有没有引经据典等。事实上，不管是短文案创作也好，产品故事也罢，出发点都应该是能否更好、更准确地传达产品的核心品牌价值。

2 讲好产品故事的技巧

那么，如何讲好产品故事呢？

（1）核心价值

要想讲好一个故事，其核心价值必不可少，与其说讲故事，不如说找准"核心价值"，用"核心价值"打动消费者。如图 2-22 所示，某个玉米品牌围绕其产品具有"糯"及"高硒营养"等特点，打造出一个独一无二的核心价值，然后就以核心价值为基础推出一系列营销推广活动，讲述好产品的故事。

图 2-22　有着核心价值故事的玉米品牌

（2）生活化

绝大多数人都是"以生活为导向"的人，我们日常生活中说过的话，重复过多次的成语，都是用来讲述产品故事、宣传口号时非常好的语言。如图 2-23 所示，讲好产品故事可以用该类包装上的"清脆爽口，百吃不厌"，以及"好吃又实在"等偏生活化、简单明了的语句。

图 2-23　生活化语句的贡菜包装

（3）重要的事情说三遍

将核心价值提炼好后，然后用简单明了的生活化语言讲述出来，最后一步就是"重复"，"重要的事情说三遍"是为了更好地记忆。不断地重复、重复，才能更加深入人心，让直播间的消费者在购买同类产品时会优先选择本产品。

对于农产品的包装设计来说，讲好产品故事的相关技巧如图 2-24 所示。

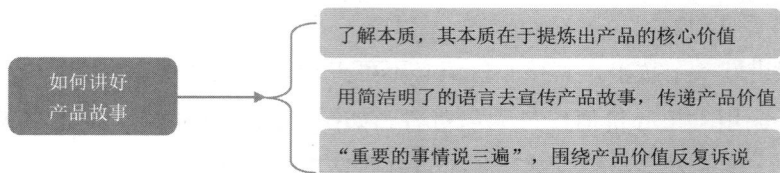

图 2-24　如何讲好产品故事

2.2.5　增强包装档次

通过在普通农产品上加入特殊设计，使农产品本身的价值得到提升，这些农产品包装设计凭借自身的附加值，也能满足消费者对盈利的追求。如今，包装除了具有保护功能外，还具有一定的文化和审美价值。尤其是高端的农产品包装设计，通过做好外在设计的方式来抓住消费者的眼球，从而凸显其高端的产品身份。

高端产品自然不同于中、低端产品，这些差异不仅体现在产品内部，更体现在外包装上。这样来看，高端的包装设计就是做名副其实的高端产品。通过优质的包装，消费者可以更直观地感受到产品的性能，并准备将其收入囊中。

如何增强包装档次呢？

1 从品牌吉祥物/Logo 入手

现在有很多品牌都设计了一款属于自己的吉祥物，并且在各大平台上比较活跃，一方面更好地宣传本品牌的产品，提高知名度；另一方面也能在一定程度上为本品牌的产品打开市场。因此，在包装设计时加上象征本品牌农产品的吉祥物也是一个很好的选择。如图 2-25 所示，这款产品在包装设计上提取了"羊"的元素，其简单的形象具有鲜明的视觉效果。

图 2-25 从品牌吉祥物 /Logo 中提取设计元素的包装

2 "跨界"创新

不断创新才能更加吸引消费者，那么要如何创新呢？可以尝试一下"跨界"，在包装设计中进行"跨界"创新会给消费者带来一种全新的感受。

例如，对于大米这种常见的农产品，我们通常使用塑料袋和小包装袋进行包装。如果一个品牌突然变成一个盒子，它会被吸引吗？如果你在做小众化、精品化的产品，它会激发消费者尝试更多新事物。

图 2-26 所示为一款来自日本的大米包装，不仅把大米用便当盒包装，有的还使用了易拉罐。

图 2-26 "跨界"大米包装

3 增强产品的仪式感

"仪式感"很重要，现在的年轻人很注重"仪式感"，因此"仪式感"也是很多产品附加值中不可忽略的元素，给普通的、大众化的产品加上特殊的仪式意义，让农产品带给人心理上的满足感。

图 2-27 所示为一款米产品的包装，该包装在原有的基础上还加了一个碗，其名字也取为"一碗饭"，让简简单单的一袋米变成一种有着"仪式感"的存在。

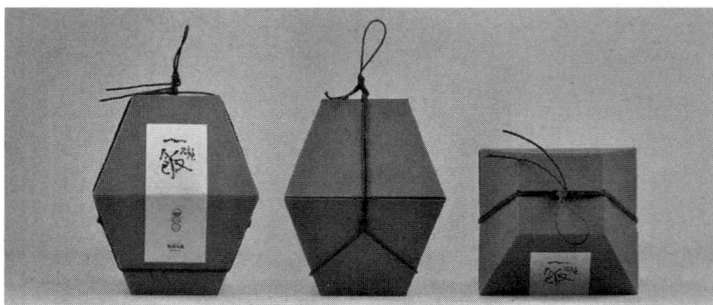

图 2-27　充满"仪式感"的包装

　　高端的包装设计就是要向消费者传递一个理念，即好的产品同样也需要一个好的包装，让用户感受到这个产品是比较高端的。当然，高端不只是说说而已，无论是高端产品还是高端包装，从一开始就需要花很多时间和精力去构思和设计。

2.2.6　融合地域特征

　　农产品品质的好坏会受到很多因素的影响，包括产地，不同的产地其品质也不一样。例如，有些地方以生产某些产品和原材料而闻名，这也是大家为什么喜欢"山东烟台红富士苹果""新疆葡萄"的原因。如图 2-28 所示，该产品将当地村庄的景象描绘在包装上，还结合当地传统文化，使得整体包装独具文化气息。

图 2-28　融入当地特色的包装

　　如图 2-29 所示，产品通过插画的形式展现了东北的大平原景观，并在色调上通过低饱和度来呈现东北特有的黑土地属性，表达了产品的高质量生长区域。画面中还展现了平原周围的房屋及鸟类，给人一种很和谐的人文氛围。通过提取农产品原产地的地域特色进行包装，可以使包装更具辨识度。

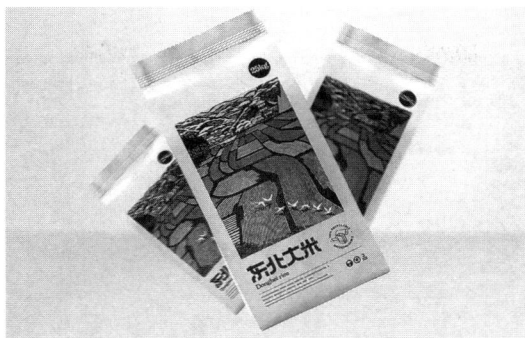

图 2-29　展现东北特色的包装

2.2.7　增加农产品的便携性

农产品的包装具有创新性，固然能吸引到更多的消费者进行购买，但是在考虑创新的同时，还要注意产品的便携性，过于强调创新性是不够的。有时候从产品的便携性方面去考虑，说不定也能创作出让人耳目一新的产品包装，此外也可以将两者相结合进行设计。

具有创意的包装，并不是一味地只考虑创新而不考虑其最本质的作用。如图 2-30 所示，商家将难提的大米做成包袱状，而且还用到了鱼的图案和形状，将创意与实用性相结合。

图 2-30　创意与实用性相结合的包装

如图 2-31 所示，右边的大米包装设计成一个盒子的形状，消费者在拿的时候可能不太方便，因此，在此基础上加上一个可以提起来的绳子，让产品包装更具便携性。

图 2-31　便携性的农产品包装

第 **3** 章

选择平台：
各平台农产品
直播扶持政策

扶贫助农对经济发展、社会和谐有着重要的影响，
近年来，因为一些不可抗力的特殊情况，导致农产品
滞销。各大电商平台为了帮助滞销农产品找到销路，
纷纷发布了多项农产品直播扶持政策，开启了多样化
的农产品直播活动。

3.1 快手：为助力新农人创业提供了更多机会

中国是一个农业大国，农业、农村、农民问题一直是全国关注的重点问题。目前，直播带货已成为趋势，为顺应这一趋势，快手积极开通助农频道，开展了多项助农直播活动，通过这些帮助农民的直播活动，还探索出自己的助农脱贫模式。

3.1.1 "百城县长直播助农"活动

2020 年，许多农产品的销路被切断，被迫滞留在农村，为解决这个难题，不少市长、县长都在互联网平台的支持下开始了直播"带货"之路。"互联网＋直播＋脱贫攻坚"已成为势不可当的趋势，2020 年也被形容为"县长直播助农年"。

快手也顺应趋势推出了多项助农活动，其中一项就是"百城县长直播助农"活动，这项活动截至 2021 年 10 月，已经有全国各地的多个县市参与，如山东泗水县、湖南永顺县、云南孟连县等，直播助农数量 50 多场。"百城县长直播助农"活动吸引了无数人观看，带动了多个县市的农产品销量，未来还将结合各地的区域特色，开展更多关于文化旅游、文化遗产和区域产业的推介活动。

1 广西

广西壮族自治区（以下简称"广西"）在 2020 年 4 月参与了此项活动，共有 6 个市县参与其中。直播间内主播和县市长向全国观众推荐了百香果等滞留在原产地的农产品。此外，还开展了形式多样的活动，内容丰富，气氛高涨，如图 3-1 所示。三场直播的下单量超过 17 万，总销售额达到 450 多万元。

图 3-1　广西"百城县长直播助农"活动直播间

2 山东

山东有许多市县参与了该项活动。图 3-2 所示为山东齐河县的"百城县长直播助农"活动。齐河县副县长和主播一起向观众推荐当地的特色农产品和好物，并在现场煮面、制作三明治等，刺激直播间观众下单的欲望。

图 3-2　山东"百城县长直播助农"活动直播间

此外，直播间还有秒杀、送赠品等活动，让直播氛围一路高涨，两个小时的直播时长，在线观看人数达到 500 多万，很多商品更是一上架就被抢购一空。

当地农产品在市场上享有盛誉，但市场占有率较低。通过这次直播带货的形式，可以让全国更多的观众认识、了解当地的农产品，并且还可以来本地观光旅游，助力乡村振兴。

3 湖南

湖南在这次"百城县长直播助农"活动中，共举办了5场直播，有6位市长、县长走进直播间为当地特色产品代言，并对当地的地名风俗、地理优势和生产环境等做了专业解读。

在活动期间，为助力本次农产品专场直播带货活动，"炒热"直播间氛围，特别邀请了几位快手达人与县长连麦一起推荐农产品。此外，主播还随机联系了当地的农户及乡贤，非常专业地向观众介绍了当地的产业现状及有关农产品的品牌故事。

此次的专场直播活动共展示了5个县市区的20余种特产，如平江特产干酱油和浏阳豆腐泡菜等，都在直播间亮相，深受观众们的青睐。本次专场活动一共5场直播，共吸引1 900多万观众观看、获得150万点赞，直播间内的农产品销售额超过120多万元。

在5场直播中，在桑植县的带货直播间，县长在直播带货时讲述了这些年来的扶贫经历，不禁热泪盈眶，直播间的观众听到这些故事也纷纷为县长点赞。

图3-3所示为湖南"百城县长直播助农"活动专场的宣传海报，通过这些公益海报，很好地宣传了湖南专场助农活动。

图 3-3　湖南"百城县长直播助农"活动宣传海报

3.1.2　"快手＋央视"助农直播

"直播带货"正在扶贫攻坚战上发挥着重要的作用，"直播带货"不仅能够帮助解决各地农产品的销路问题，还能让更多的农产品走进消费者的视野中，以及让更多的小众农产品得到关注。

快手在 2018 年年中开始，日用户活跃度已超过 3 亿，具有广泛的观众基础。同时，该平台还具有粉丝黏性好、转化率高等优点，所以在整个电商行业中，快手也在助农、扶贫方面逐渐发挥着它的作用。除了"百城县长直播助农"活动以外，快手平台还与央视联合，开启了 3 场公益助农活动。

如图 3-4 所示，2020 年 4 月中旬，快手首次与央视联合开启了直播助农活动。通过发挥平台的优势，本次直播效果显著，整场直播观看人数众多，接近 1.27 亿人次，直播商品购买总金额超过 6 100 万元。

图 3-4　快手与央视两次直播活动

2020 年 4 月底，快手与央视第二次合作。此次直播中，一分钟售出 2.7 万包热干面、2.6 万瓶酷我乳酸菌、1.5 万份周黑鸭鸭脖、1.2 万份小龙虾。据统计，此次直播销售的湖北产品超过 8 000 万元。

2020 年 8 月中旬，快手与央视第三次开展助农合作，这次在直播间还邀请了明星一起加入直播。在直播间，许多的特色农产品都被抢购一空，如会理石榴 10 万订单、黑苦荞胚芽茶 5 万订单在 3 分钟内售出，凯特杧果 30 万订单也在 7 分钟内卖完。

本次直播观看的人数众多，约有 3 000 万人次，总的销售额超过 1 亿元，其中大凉山的商品销售额达到 2 500 万元，相关数据如图 3-5 所示。通过这次直播，让大凉山的特色农产品走进了观众的视野。

图 3-5　快手与央视第三次直播活动的相关数据

3.1.3　"快手扶贫电商"专场

2019 年快手就已经开始关注农业，开始探索电商助农。图 3-6 所示为快手与政府及众多的机构联合，在 2020 年 4 月份开展了一场"快手扶贫电商"专场直播助农活动，这次的活动平台上共有 90 多名主播参与，共吸引了 1 亿多用户观看，大概平均卖出一件产品只需 3 秒的时间。在这次助农直播专场活动中，受益人数达到 15 万多。

图 3-6　"快手扶贫电商"专场

3.1.4 "乘风破浪的新农人"活动

如图 3-7 所示，快手还结合热点综艺，推出了一项"乘风破浪的新农人"活动。想要参与的农产品主播可以在大赛期间通过在快手 App 搜索栏中搜索"乘风破浪的新农人"进入报名页即可参与。本次活动共收集 2.8 万个作品，总播放量超过 10 亿。

图 3-7 "乘风破浪的新农人"活动

3.1.5 "快手冬捕季"活动

冬捕是我国北方冬季特有的一项文化活动，盛行于辽金时期。如今，该项活动已从最初的谋生手段发展成一种必不可少的文化活动。每年 12 月底到春节的这一段时间是冬捕的最佳时期，渔民在这段时间内会进行大规模的冬季捕鱼作业。

快手平台开展"快手冬捕季"活动，一方面通过直播的形式很好地展现冬捕的壮观景象，让很多无法实地观看的人都能通过直播进行实时观看，同时也让更多人关注到这个文化活动，很好地宣传了冬捕文化；另一方面，该活动还为捕鱼的商家提供了更多的销售机会，促进了当地的渔业及旅游业的发展。

图 3-8 所示为"快手冬捕季"的相关规则，商家可以根据该规则，在平台中搜索"快手冬捕季"，在话题专区点击下面的"我要拍"按钮即可发布视频。

图 3-8 "快手冬捕季"活动

3.1.6 "快手三农金榜"活动

快手在助农方面，还推出了"快手三农金榜"活动。在 2020 年，快手 App 一共推出了 6 期金榜，共向大家推荐了 30 个优秀的短视频及 45 位优秀作者。2021 年在此基础上，快手全新改版，去除了其中的"视频英雄榜"，留下了"涨粉先锋榜"，该榜通过评选账号在周期内的涨粉数量挖掘出有潜力的三农创作者，评比的周期是一月两次，分别是每月的 5 日及 20 日。

图 3-9 所示为"快手三农金榜"的规则，商家可以根据该规则，在平台搜索栏中搜索"快手三农金榜"，在"快手三农金榜"话题专区点击下面的"我要拍"按钮即可发布视频。

图 3-9   "快手三农金榜"活动

3.1.7　春耕直播课

立春之后，即可春耕。为帮助农民做好春耕的准备，备足农资，确保农业生产有序进行，快手 App 开展了"春耕直播课"活动，众多的农业技术人员、种植专家等都可以走进直播间，"面对面"教授农业知识，帮助农民解决农产品种植、养殖等问题。各个地区的农民足不出户就可以学习到很多关于农业方面的知识，提高了农民的种植水平，降低了种植成本。

如图 3-10 所示，在辽阳市太子河区，政府组织当地几家农业公司及水稻研究所的专家，在快手 App 上开展保春耕植保知识系列讲座、水稻高产技术等直播活动。技术专家除了讲述知识以外，还详细地为农户们解答各类问题。这次活动，共有 1 000 人以上的种植大户、合作社等获益。

图 3-11 所示为北大荒集团 2021 年度的"科技在线助春耕"活动直播间。3 月正是准备春耕生产的关键时期，为此北大荒集团通过快手 App 集结农业、畜牧业等各方面的十多位专家进入直播间，为农户们带来各方面的春耕知识，给当前的春耕生产提供了强有力的科技力量。直播期间，共有 12 万人参与直播互动，直播点赞数达到 18 万。

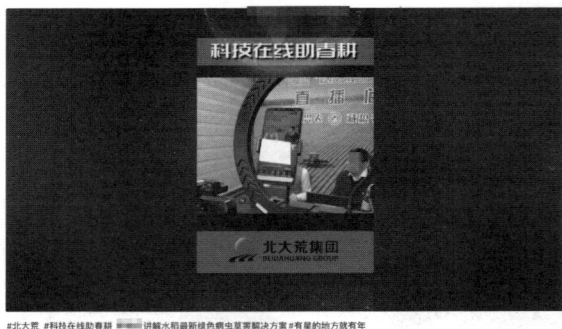

#北大荒 #科技在线助春耕 ▓▓▓讲解水稻最新绿色病虫草害解决方案 #有星的地方就有年

图 3-10　春耕系列讲座直播间

图 3-11　"科技在线助春耕"活动直播预告表

3.1.8　923 农民丰收电商节

2020 年 9 月通过整合各平台的资源和优势，快手采用线上与线下相结合的直播方式开展了农产品直播电商节，如图 3-12 所示。

主播团队是由 9 位有着百万粉丝的快手三农主播及其他平台的多位主播组成的 50 多人的队伍。这次直播将农产品的价格一降再降，成功地吸引了数千万的观众参与、购买，很多农产品刚上架就被抢光，甚至在主播现场加量的情况下，依然"秒光"。

图 3-12　923 农民丰收电商节

3.2 抖音：开启直播"助农"模式

从 2020 年年初开始，由于某些特殊情况，许多农产品被迫滞留"在家"，尤其是偏远的贫困地区，信息滞后，物流停滞，让原本当地的农产品销售难上加难。因此，为帮助偏远地区的农产品打开销路，抖音也不断创新电商模式，开启了"爱心助农、帮助滞销果农""富域计划"等活动。

3.2.1　"爱心助农、帮助滞销果农"主题活动

为解决农产品滞销的问题，福鼎当地运营团队借助抖音这一平台，在 2021 年 1 月 28 日晚上 7 点开展了一场专题网络直播。在直播间，主播详细地介绍了各种农产品的情况，吸引了众多的观众观看、购买。

在主播团队的努力下，该场直播在开播一小时就销售了 1 000 多斤的蜜柚，如图 3-13 所示。截至 2021 年 2 月 1 日，接到的订单总额达到 1 400 多斤，已售出的商品达到 10 万斤，这在一定程度上解决了当地农产品滞留的问题。

图 3-13　蜜柚

特殊时期，许多优质农产品都被迫滞留在原产地，商家无法将其售出，损失严重。为解决农户与商家面临的困境，抖音平台于 2020 年 2 月组织了直播助农活动，8 位主播在直播间与全国一些地区的果农商家连线，一起向观众介绍优质的农产品，如图 3-14 所示。

图 3-14 "爱心助农行动"直播活动

3.2.2 "富域计划"助力乡村振兴

抖音在 2021 年 4 月开始推出"富域计划"，该计划通过借助平台的优势，促进产品产销对接，助力乡村振兴。如图 3-15 所示，2021 年 7 月抖音在四川还开展了培训活动，通过培养电商人才，从根源上助力当地的发展。

图 3-15 "富域计划"活动主题及相关视频

该计划通过发挥电商平台的优势，将各地的特色农产品带入更多观众的视野中，让更多的观众去了解，从而进入全国市场。在该计划下，一方面平台与各地政府合作，整合地方产业，助力振兴乡村发展；另一方面还举办多种活动、培训，帮助提升各类农副产品的销量。

1 富域丰收季

"富域计划"举办了多个活动，其中包括"富域丰收季"活动。本次活动通过在 App 上设立一个专区，帮助农副产品打开销路。同时在活动期间，还到全国多个省份的乡村进行原产地直播，带领直播间的观众走进农产品的源头，向观众全方位展示农产品的情况。

在此次活动中，共销售了 4 300 多万单的特色农产品，其中陕西的眉县猕猴桃、四川的软籽石榴、福建的平和蜜柚等产品都深受平台消费者喜爱。此外，在该活动中，还上线了 # 九月丰收去寻鲜 # 话题和"丰收秋芬舞"互动挑战，激发更多的主播或者用户、商家去制作视频，如图 3-16 所示。

图 3-16　"富域丰收季"活动

2 "抖星换好物"

"抖星换好物"是抖音开展的一项线上公益活动，目的是把各类优质商品通过兴趣电商的形式提供给全国各地的消费者，同时为各地的优质商家提供直接的销售渠道，助力各地经济发展及乡村振兴。

此前经过平台的严格筛选，已经上线了 15 个省份、自治区的特色农产品，其中包括景德镇的瓷器、广西的螺蛳粉等。在这个活动中，在平台补贴的基础上，平台用户通过完成规定的任务领取一定数量的"抖星"，就可以用 1 分钱换取各地的特色商品。

（1）打开抖音 App，❶点击右上角的 ☰ 图标；❷点击"我的订单"按钮，进入"我的订单"界面，如图 3-17 所示。

图 3-17　点击"我的订单"按钮

（2）在"我的订单"界面，点击"抖星换好物"按钮，进入"抖星换好物"活动界面，如图 3-18 所示。

图 3-18　点击"抖星换好物"按钮

（3）点击"切换省份"按钮，用户可根据自己的喜好选择区域好物，然后点击产品下方的"去点亮"按钮，如图 3-19 所示。

图 3-19　点击"去点亮"按钮

（4）在打开的界面中，❶点击"领抖星"按钮；❷选择相应任务；完成任务后，❸点击"抖星"按钮，当所选商品对应的四颗星星灯被全部点亮后，只花一分钱即可享受所选商品包邮到家的服务，如图 3-20 所示。

图 3-20　"抖星"任务互动

3.2.3　开启"云上助农"新模式

抖音在传统的直播模式上进行了创新，开启了"云上助农"的新模式。例如，某"云上助农"直播间由两位农商银行的工作人员担任主播，一方面用通俗易懂的语言为观众介绍各类贷款产品及流程，普及金融知识，还一一回答了观众的相关问题，让客户有一种全新的金融服务体验，增加了客户的黏性。

另一方面，直播间在提供金融服务的同时，还推广了白梨瓜等农产品，为白梨瓜等农产品进一步拓宽了销路，如图 3-21 所示。通过直播带货，该农商银行以实际行动践行了助农初心，使金融服务更有温度，也打造了农商银行特色支行农品牌。

图 3-21　白梨瓜农产品

直播期间，为营造良好的直播氛围，加强与观众的互动，直播间还开展了"抽幸运观众送大奖"的活动，因此整场直播间氛围热烈、点赞不断。在开播半个小时后，直播间就吸引了 1 000 多位在线观众，累计的浏览量达到 4 000 多次，共销售 600 多箱白梨瓜。

3.2.4　"八方助农"活动

偏远地区的农产品原本就有着销路窄的问题，加上全球性的公共卫生事件的出现，使得偏远地区的农产品销路更是受到了极大的挑战。为此，抖音特地联合多个平台及政府开展"八方助农"活动，帮助偏远地区的农产品提高知名度、打开销路。

"八方助农"活动期间，抖音用户可通过以下步骤来参与活动。

（1）打开抖音，❶点击🔍图标，进入搜索界面；❷在搜索界面输入相应关键词，如图 3-22 所示。

图 3-22　搜索"相应关键词"

（2）执行操作后，❶切换至"话题"选项卡，选择相应话题进入其界面；❷在话题界面点击"立即参与"按钮即可，如图 3-23 所示。

图 3-23　进入相应话题界面

迄今为止，该活动总播放量达到 25.6 亿次，借助平台的优势，在一定程度上解决了农产品销路难的问题。

3.2.5 "助农"话题专区

为帮助滞销的农产品打开销路，平台专门设立了一个"助农"话题专区，该话题专区通过整理汇总全国各地的农产品信息，从而帮助农产品找到适合的销路。

除了展示农产品的信息以外，平台还利用自身的优势，联合几个县的当地领导及美食达人一起进入直播间，开展"助农"专场直播，如图 3-24 所示。在直播间中，主播纷纷为大家介绍当地的特色农产品，吸引观众的目光。通过直播间，观众能够更好地了解当地特色农产品的相关情况及生长环境等，从而提高观众的下单率。

图 3-24 "乡长助农"直播

首次开展的"助农"直播活动共有 3 场，其主要带货的农产品是宜川县的延安苹果、同心县的同心枸杞及靖宇县的优质坚果。

1 延安苹果

2020 年，许多农产品错过了销售的最佳时间，被迫滞留在原产地，宜川的苹果也在其中。苹果是当地主要种植的水果之一，种植面积大，产量多，且当地从事与苹果相关产业的人数众多，占当地总人口 1/3 以上。大量苹果卖不出去，果农面临着严重的经济损失，更严重的是，当地的经济也受到了很大的影响。为此，当地领导化身主播进入直播间推广苹果，帮助滞销的苹果打开销路，如图 3-25 所示。

因特殊原因导致苹果被迫滞留不仅是宜川，还有整个延安市的苹果也陷入滞销的困境，因此，延安市副市长也加入直播间，两人一起为延安苹果做促销，如图 3-26 所示。

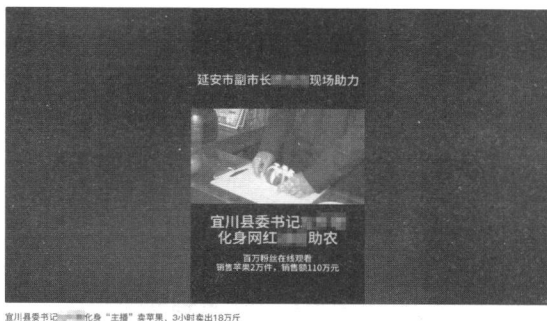

宜川县委书记 ████ 化身"主播"卖苹果，3小时卖出18万斤

图 3-25　宜川苹果直播

　　两地的市级领导在直播时还与该平台的美食达人进行现场连麦，直播间中的观众针对当地的历史文化、风俗习惯及当地苹果的优势、生长环境等进行提问，两地的市级领导对此进行了详细的解答。通过直播互动方式，使得观众更加了解延安苹果，从而激发他们的消费欲望。

直播带货贴近消费者，赞 #延安

图 3-26　延安苹果直播

　　当然，为了更好地向观众展示当地苹果，本次直播不仅在直播间介绍苹果的品质，还带观众走进苹果园。当地的果农还通过直播向观众介绍了一种经过发酵的纯天然有机肥——羊粪，用羊粪做肥料种出来的苹果更加好吃，甜分更足。

　　当地领导通过多种方式对苹果进行了详细的介绍，让观众更加深入地了解到苹果的特点，极大地刺激了粉丝的购买欲望。通过直播的销售方式，使得果农与消费者面对面接触，解决了空间问题，也为果农拓宽了销售渠道。当天直播累计获得 30 万人观看，销售苹果 18 万斤，销售额达到 110 余万元。

2 同心枸杞

枸杞具有很高的药用价值，因此许多人都会买枸杞来泡茶养生。宁夏在中国境内是枸杞种植面积最广的省份，也是作为唯一被列入中国药典的农产品，享有盛名，而同心县的枸杞更因天然、无公害，而广受欢迎，如图3-27所示。

图 3-27　同心县的枸杞产品

同心县是国内有机枸杞种植大县，全县枸杞种植面积广，并且其种植方式采用原生态、无污染的种植方式。因特殊原因，当地的枸杞等其他农产品销路出现问题，为打通销路，解决农产品滞销问题，直播是最好的方式。

在直播时，副县长与有着百万粉丝的抖音美食达人进行现场连麦，使直播带货进入高潮。直播快结束时，副县长还为直播间的粉丝发送福利，买两包优质的同心枸杞还可以获得一份红枣，该福利很好地吸引了广大粉丝，销量得到极大提高，直播间的热度再一次得到提升。直播当天，副县长进入直播间为观众推荐当地的优质同心枸杞，反响良好，枸杞销量超过2.6万斤，销售额达到140余万元。

3 长白山优质坚果

靖宇县是国家级贫困县，当地的经济发展缓慢，其总人口14万左右，农业人口近7万。因为地势的原因，当地农民的主要收入以农林产品为主，许多农民都是通过出售在当地自然环境下种植的红松子谋生，因特殊原因，他们也面临农产品"滞销"的窘境。

为此，当地副县长通过直播，为当地特产榛果组合产品推广销售，通过抖音直播的方式让当地优质农产品高效地触及消费者，如图 3-28 所示。

图 3-28　县长助农直播

在直播中，副县长在直播间的桌上摆满了当地农产品，在介绍时还通过一边展示一边讲解的方式，让观众更加直观地了解到当地松子的采摘及制作过程。此外，直播时县长还连麦抖音美食达人，达人主播也卖力地向网友推荐此次助农直播的产品。在两人的通力合作下，松子被卖断货，并进行了紧急补货，如图 3-29 所示。

图 3-29　松子农产品

在直播间中，当地的农产品销量超过 7 万斤。通过直播的方式让当地的领导和果农介绍产品，这样可以更加详细地介绍农产品的优缺点，还可以带观众到产地实地了解农产品的生产环境，全方位地向观众展示农产品，使得消费者能够更好地了解产品的情况。对于消费者来说，通过直播间可以更加迅速地完成购买的过程，减少中间的复杂过程，消费更加便捷。

在特殊情况下，通过直播进行农产品带货是最合适的一种销售方式，因此抖音积极开展直播活动，帮助解决农产品的销路问题。直播带货从短期来看，解决了当前农产品滞销的问题；长期来看，也对整个农产品电商行业的发展有着极大的帮助，有利于农业的发展。

3.3 淘宝：建设更多的原产地直播间

淘宝于 2003 年创立，一直以来深受大家的喜欢，其注册的用户数量达到 5 亿，平均每分钟就能售出 4.8 万件商品。如今，在面对因特殊原因导致的农产品滞销问题，淘宝借助平台的优势开启爱心助农计划，并将计划"常态化"，持续进行"造血式"扶贫，此外还成立 10 亿规模的爱心助农基金，并在此基础上推出 10 项措施，全方位进行助农。

3.3.1 淘宝"爱心助农"计划

为了更好地帮助农产品打开销路，淘宝最先启动爱心助农计划，开通了 20 多个省份的农产品数字供应链，其中包含 1 900 多件农产品，首月累计销售 10.2 吨。

此后，淘宝的"爱心助农"计划通过从根源上帮助农民，与多地政府开展长期合作。此外，"农业科学家＋阿里巴巴"模式还可以形成长效机制，向该领域灌输中国顶尖的农业技术和先进的数字技术。

如图 3-30 所示，山东的生蚝被滞销在原产地，淘宝通过将这些农产品上架到平台，并同步推进原产地计划，帮助生蚝找到销路。

图 3-30　山东生蚝

此外，淘宝还开通了"爱心助农"直播频道，通过依托平台的优势，解决了从采摘到销售过程中的一系列问题，极大地解决了农产品滞销的问题，如图3-31所示。这次活动最开始选择的是山东、辽宁等6个省份中滞销的农产品进行推广，通过助农频道的开通，有效地解决了当地农民的燃眉之急。

图 3-31 "爱心助农"直播频道

3.3.2 成立 10 亿规模的爱心助农基金

淘宝平台除了开展"爱心助农"计划以外，还成立爱心助农基金，帮助农民增加收益，如图3-32所示。平台也表示爱心助农活动会一直延续下去，直到把全国的滞销农产品卖光为止。

图 3-32 成立 10 亿规模的爱心助农基金

3.3.3 出台助农10项措施

为了更好地帮助农民打通农产品销路，解决农产品的滞销问题，淘宝平台特地推出了10项措施，包括建立助农专线、上线系列专区、多平台合作、加快物流等多种举措，如图3-33所示。

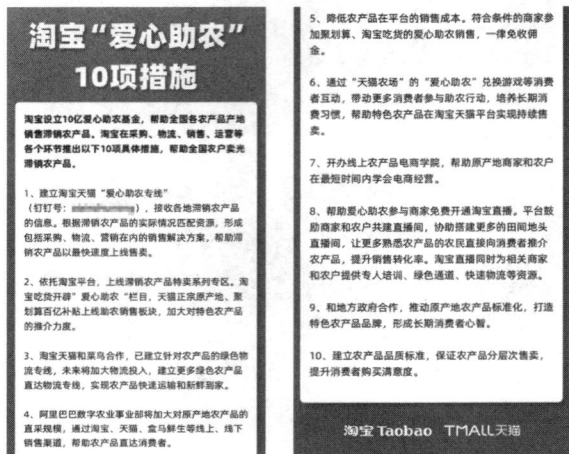

图 3-33 淘宝"爱心助农"10项措施

这些举措的推出，降低了农产品的流通成本，增加了农产品的曝光度，让全国的观众都能了解到更多的特色农产品，不仅解决了农产品的销路问题，也帮助消费者解决了购买问题，还在一定程度上解决了产品的供销问题。

3.4 拼多多：帮助农产品建设网络上行的新通道

拼多多从成立以来，其关注的重点一直都是农产品。自2018年以来，拼多多就开始了扶贫助农。在当下因特殊原因导致大量农产品滞销的情况下，拼多多也开启了"爱心助农"计划，上线"助农专区""农货产销对接"等活动。

3.4.1 拼多多"爱心助农"计划

为了更好地帮助农民解决农产品滞销问题，除了抖音及淘宝制订了"爱心助农"计划以外，拼多多也开展了"爱心助农"计划。拼多多的"爱心助农"计划主要帮助一些因为自然灾害而导致农产品滞销的商家，给他们提供一个渠道，并对他们展开扶持计划。

该计划不仅为交通不便的地区解决了销路问题，还培养了农产品商家的互联网思维。随着"爱心助农"计划的不断推广，越来越多的年轻人返乡助农，很好地带动了贫困地区的经济发展，如图 3-34 所示。

图 3-34　拼多多爱心助农计划

值得注意的是，并不是所有人都可以加入这项计划，你必须符合一定的要求，具体要求如下。

（1）需要提供乡镇出具的证明，其内容必须要有商家的店铺名称、所要销售的农产品等。

（2）申请加入这项计划的本人一定是店铺的联系人。

（3）提供本人的身份证照片。

3.4.2　上线"助农专区"

拼多多一直致力于帮助解决贫困地区的农产品销路问题，作为中国最大的农货电商平台，拼多多上线了"助农专区"，如图 3-35 所示。"助农专区"的上线，让很多原本滞销的农产品得到了很大的关注，有助于销量的提升。

"助农专区"包括 400 多个农产品产区、200 多个贫困地区，专区上线的商品包括各类水果及生鲜农产品。

在此基础上，"助农专区"还增加了一个入口，这个入口是为了整理汇集各个地区因特殊原因滞销的农产品信息，帮助农户对接消费者，解决滞销农产品的销路问题。

图 3-35　拼多多"助农专区"

3.4.3　发起"农货产销对接"活动

产销对接问题是造成农产品滞销最主要的问题之一。因特殊原因，以往农产品的线下销售已经很难实现，产销两者之间信息脱节，最好的方法就是通过互联网的形式进行销售。

拼多多了解到农产品的产销问题是影响其销售的重要因素，便发起了"农货产销对接"活动。一开始平台联系了徐闻、象州等县级市，采用"直播＋拼购"的新模式来推广农产品，帮助打开滞销农产品的销路，如图 3-36 所示。同时，邀请当地领导亲自走进直播间，化身为主播，使出浑身解数推广当地农产品。

图 3-36　"直播＋拼购"模式

在活动进行的当天，全国多地因特殊原因滞销的特色农产品进入直播间，整场直播反响很好，滞销的菠萝订单量达到 4 万多单，总销量约 25 万斤，浙江椪柑的订单量达到 2 万单以上，销量有 21 万斤左右。

3.4.4　系统性农产品供需匹配机制

在众多的电商平台中，拼多多是主打农产品的电商 App，因此拼多多一直都在关注着农产品的产销问题。在拼多多成立不久后便成立了农业农村研究院，同时借助"拼团"这种新型的电商模式建立了"天网""地网"的系统性农产品供需匹配机制。该机制是通过需求及供给两端的精准对接实现的。图 3-37 所示为供需两端的机制运作情况。

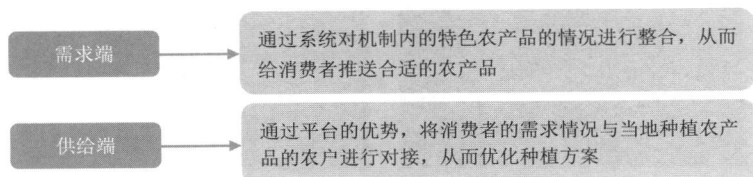

| 需求端 | 通过系统对机制内的特色农产品的情况进行整合，从而给消费者推送合适的农产品 |
| 供给端 | 通过平台的优势，将消费者的需求情况与当地种植农产品的农户进行对接，从而优化种植方案 |

图 3-37　供需两端的机制运作情况

到 2019 年年底，全国所有县级行政区都已经被该电商平台的系统覆盖，精准对接了 1 000 多万农户农产品供给和 5 亿消费者的需求，从而解决了产品的时间限制及农产品销售的空间限制，最大限度地发挥互联网信息流通快的优势，真正实现了覆盖区域内农产品的"上行"。

通过该机制的运行，需求、供给两端的对接所形成的效果非常惊人。根据平台发布的数据，2020 年该平台的成交金额超过 2 700 亿元，成为中国最大的农产品上行平台。

3.5　京东：直播带货成为提振农产品上行的利器

作为中国电子商务领域具有影响力的电子商务平台之一，京东在面对农产品滞销的情况下，迅速开通"全国生鲜产品绿色通道""京心助农"主题直播活动等方式来助农。

3.5.1 开通"全国生鲜产品绿色通道"

为了解决农产品的"上行"问题，2020 年 2 月 10 日，京东发布了《告全国农人书》，宣布开通"全国生鲜产品绿色通道"，如图 3-38 所示。该通道通过全面开放农产品销售链条上的核心资源，并借助平台优势，让更多的生鲜农产品能够更快、更好地送到消费者手中。该通道开通不到 2 周的时间，其助农直播的数量已超过 600 场，农产品的销量达到 3 900 吨。

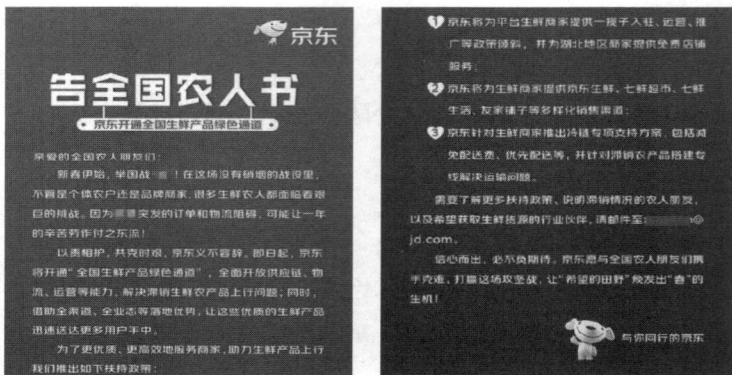

图 3-38　《告全国农人书》

此外，京东为了更好地帮助商家销售滞销农产品，还推出了以下几项扶持政策。

1 主站的扶持政策

在主站，京东平台通过多种方式给予农产品商家提供多方面的政策支持，同时还为湖北特别制定了专属服务，包括在特殊期间减免平台使用费、免费代运营服务等措施。同时，京东还在平台的多个板块上线"助销扶农"和"保障民生"两个入口。

2 京东七鲜超市、七鲜生活及社区团购平台

除了主站外，京东还为商家扩大了多样的销售渠道，不仅有线上渠道，在线下还有超市和社区团购平台。这些平台接收各地滞销的优质农产品，并在重点城市周边实施生鲜农副产品扶持措施，如京东的七鲜超市将优先为一些重点地区的农民开设绿色蔬菜商店，如图 3-39 所示。

图 3-39　京东七鲜超市

3 京东的物流支持方案

过去，农产品的运输存在很多方面的困难，而且在特殊情况下，农产品的物流受到严重影响。为此，京东专门推出冷链专项支持方案，针对滞销农产品搭建专线解决运输问题。同时，对于签约的入仓商家，京东都在不同程度上给予一定的物流支持方案，帮助更多的滞销农产品"走出"原产地。

图 3-40 所示为砂糖橘产品。砂糖橘产自肇庆，而永福县是现今最大的生产基地，全县 73% 的贫困人群都是靠种植砂糖橘来实现增收。

图 3-40　砂糖橘农产品

永福县的砂糖橘种植面积非常大，共有 43 多万亩，每年的产果量也非常多。全县大多数的贫困人口大部分都是靠种砂糖橘增收脱贫。

近年来，由于特殊原因，砂糖橘未能成功上市，大部分都滞留在原产地。为此，京东集结了专业团队与当地进行了产销对接，并对县长给予了直播培训，帮助当地通过直播带货方式打开销路。通过直播让全国的观众都看到了当地种植砂糖橘的环境，也为商家打开了砂糖橘的销路。

3.5.2 "京心助农"主题直播活动

京东作为国内扶贫助农第一平台，早在刚开始接触生鲜农产品领域时就创立了"买手制"，在实施的过程中发现了许多影响农产品销售的问题，再加上特殊原因的影响，其问题越发明显。

因此，京东开展了"京心助农"主题直播活动，助力解决农产品在销售过程中存在的多种问题，如图 3-41 所示。截至 2020 年 6 月，该活动已经取得了显著成效，全国 95% 产地的农产品都已上线京东平台。在该活动的助推下，部分区域内的特色农产品成交额增长数据喜人。

图 3-41 "京心助农"主题直播活动

在"京心助农"主题直播活动中，策划了 10 万多场直播，直播间的总粉丝数量超过 1 亿人次，最高在线观看人数达到 100 万人，累计销售 3 亿件农产品。

3.5.3 "寻鲜人"主题直播活动

在 2016 年，京东就开启了"遍寻天下鲜"活动，目的在于寻求全球优质原产地，为各地消费者带来优质的生鲜农产品，如图 3-42 所示。

京东通过与各地进行战略合作，让许多不被大众了解的农产品走进大众的视野。2016 年至今，京东用了 6 年多的时间，一直致力于"寻鲜"，培养了近百个"寻鲜人"，为的就是要把各地优质、安全的农产品带给广大消费者。

图 3-43 所示为查干湖的胖头鱼。这种鱼的肉质细嫩、味道鲜美纯正，还富含着人类所需的多种营养元素，但是却一直没有走入大众的视野。"寻鲜人"关注到了该产品，便开始策划、接洽等工作，最后通过平台的助力，让胖头鱼走进了大众的视野，其订单量不断上涨。

图 3-42　"遍寻天下鲜"活动

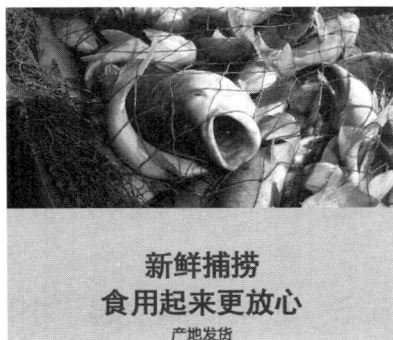

图 3-43　查干湖的胖头鱼

一位京东的"寻鲜人"为了找到小时候红烧肉的味道，到全国各地寻找优质猪肉，曾经 10 天尝过 200 种猪肉，最终将目标瞄准了吉林黑猪。这种猪肉更加劲道，口感更好，而后经过团队的不懈努力，最终将原汁原味的吉林黑猪通过京东平台搬上了大家的饭桌，如图 3-44 所示。

图 3-44　采用吉林黑猪制作的红烧肉

3.5.4　"明星代言"主题直播活动

如今，消费者的消费心理很大地影响了其消费行为，通过邀请明星代言的方式可以在一定程度上影响消费者的消费心理，而且明星代言还具有以下几个好处，如图 3-45 所示。

提高知名度	一些知名度高的明星会给直播间带来更多的流量，可以提升直播间的热度，让更多的消费者了解到这个直播间
提高销售量	明星都有自己的粉丝，当明星代言某个产品后，粉丝在选择同类产品时会更加倾向于购买明星代言的产品
延续广告效果	经过长时间的营销和宣传，消费者就会在心里建立起两者相关联的想法，从而在想到该明星时就会想起该产品

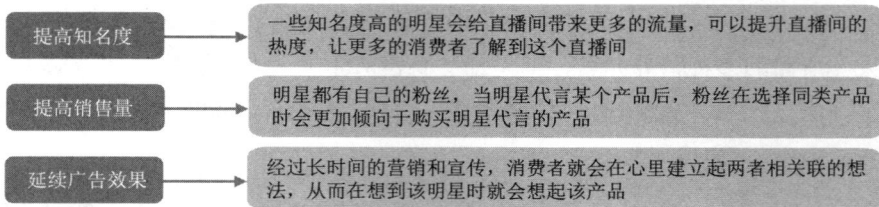

图 3-45 明星代言的好处

在 618 活动期间，京东就开展了明星直播，邀请了多位明星进入直播间开展直播助农活动。值得注意的是，京东对于直播明星的选择是非常严格的，不仅看重明星的人气，还要考虑明星与产品的关联，以及明星对于产品的熟悉程度。

3.5.5 京东物流发起"小哥寻鲜寄"活动

2020 年，京东物流发起了"小哥寻鲜寄"助农直播活动，如图 3-46 所示。第一次直播助农活动于 2020 年 7 月中旬开启，通过快递小哥深入原产地进行直播的方式，带领更多观众参观农产品的原产地，从而为滞销的农产品打开销路。

图 3-46 第一季"小哥寻鲜寄"宣传片

第一季重点关注的城市是浙江，将浙江的水蜜桃、葡萄、海鲜、猕猴桃等产品都搬进了直播间，直播间内近百万人次观看，不仅为消费者带来优质、放心的水果，也为卖家提供了销路。此外，平台还为消费者带来了从线下直接采摘到物流直送的一站式服务，提升了消费者的购物体验。

现在该项直播专场活动已经启动了第二季，相比第一季，关注的农产品更多，助农范围更大，如图 3-47 所示。

图 3-47　第二季"小哥寻鲜寄"活动

近年来，京东一直在探索农产品"上行"的道路。为了帮助更多的农产品离开产地、走向全国，京东还通过"产地直供＋直播带货"等方式，开启了近千场直播助农活动。图 3-48 所示为烟台樱桃，京东通过举办四场直播，共为其带来近 2 万个订单、交易额近百万元。

图 3-48　烟台樱桃

3.5.6　京东云探索"直播＋助农＋电商"新模式

　　农产品销售，最难的就是销路，没有好的销路，即便是再好的农产品也无法使农民增加收入。相比于传统的销售模式，农产品的滞销问题更为严重，产品一旦滞销，农民也就没有收入。随着直播的发展，为农产品打开了一条销路，给农产品的商家带来了新的生机。"直播＋助农＋电商"模式的产生可以有效地销售农产品，提高当地农户的收入。

　　农业作为传统行业，与新型发展起来的直播行业相结合，搭上经济发展的快车，使其发展更加迅速。发展好农村电商，结合"直播＋助农＋电商"模式的推广，将会给农民生活带来更多的便利，也能帮助更多的贫困人群脱贫。

　　为帮助新疆喀什地区脱贫攻坚，京东云作为京东集团资源、技术、服务对外输出的窗口，积极地开展了直播助农活动，并探索"直播＋助农＋电商"的新模式。例如，京东在新疆地区展开的助农直播活动，仅2个小时在线观看人数就达到14.6万。

　　在本场直播中，京东云还在线上商城上开设了一个"扶贫馆"频道，如图3-49所示。该频道上线了新疆地区近百款产品，并在当地还开办了扶贫直播节的活动，通过开办直播节的活动，可以有效带动当地农民对直播的热情，拉动当地特色农产品的销量，为当地的农业企业及农民增加收入。

图3-49　上线"扶贫馆"的产品

第 4 章

选择主播：
如何快速打造
优质带货主播

一场直播中，观众最先看到的是主播，就好像一件商品的包装一样，直接决定了观众能否留在直播间。因此，选择一个好的主播至关重要。此外，选择主播是第一步，还需要快速打造一个优质主播，从而快速吸引观众的注意力。

4.1 寻找主播资源的常用渠道

直播销售主播这个职业，实际上就是一个优秀的推销员，而作为一个直播商品推销员，最关键的是可以获得流量，从而让直播间商品的转化率可以大幅提高。如果不能提高直播间的转化率，就算主播每天夜以继日地直播，也很难得到令人满意的结果。

现在很多直播平台上的商家并没有太多的直播经验，因此在直播带货时的效果并不好，此时即可考虑寻找高流量的优质带货主播进行合作，让合适的人做合适的事。主播就像一场活动的主持人，对带货直播起着关键性的作用，所以，一场直播有一位好的主播至关重要，那么去哪里找到好的主播呢？

4.1.1 官方平台

现今，带货直播行业已经越来越火了，而作为一场直播中的重要一员，对主播的需求也越来越大。目前，有很多电商平台也会推出自己的官方主播资源合作平台。

1 拼多多

拼多多寻找主播有两个渠道，分别为多多进宝和手机代播功能。进入拼多多商家后台的"多多进宝→推广设置→单品推广"页面，包括"我要上榜单""新品起量助力"和"爆品持续曝光"等推广场景。下面以"我要上榜单"推广场景为例进行介绍，❶商家可以在下方的推荐商品列表中选中相应商品；❷单击"创建推广计划并获取资源位"按钮，快速进行推广；❸也可以单击"更多商品创建推广计划"按钮，选择其他的商品进行推广，如图4-1所示。

进入"新建商品推广→添加商品"页面，❶商家可以在下方的列表框中选中相应商品，也可以在搜索框中输入商品ID来查询，选择要推广的商品；❷单击"下一步"按钮，如图4-2所示。

图 4-1　单击"更多商品创建推广计划"按钮

图 4-2　单击"下一步"按钮

进入"推广设置"页面，❶在此可以设置单个商品的基础佣金比率和优惠券；❷单击"确认"按钮，即可创建多多进宝推广活动，如图 4-3 所示。添加优惠券能让商品对买家更有吸引力，能大幅度提升商品的购买率。

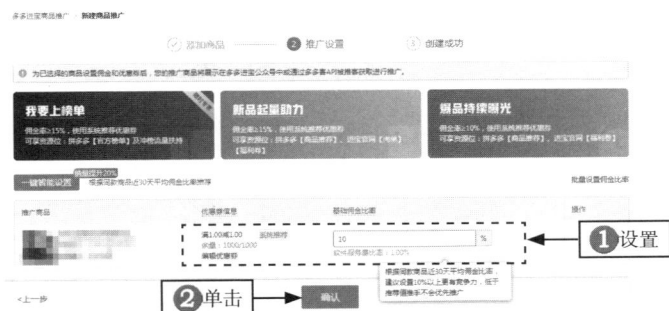

图 4-3　单击"确认"按钮

商家在多多进宝中设置直播商品的推广计划后，主播看到该推广计划时，如果觉得佣金比率合适，即可直接添加到自己的直播间中去推广商品。当主播通过直播卖出商家设置的推广商品后，商家可以根据后台数据的情况来跟主播结算佣金。

代播功能是指商家可以邀请达人或其他店铺主播来直播本店的商品，并且在店铺详情页或商品详情页面中展示达人或其他店铺主播的直播间，如图4-4所示。

图4-4　在店铺详情页（左图）或商品详情页面（右图）中展示直播间

下面介绍邀请他人代播的具体操作方法。

（1）进入"多多直播"界面，点击右上角的"设置"按钮，进入"设置"界面，点击"邀请他人代播"按钮，如图4-5所示。

（2）进入"代播管理"界面，点击"代播广场"按钮，如图4-6所示。

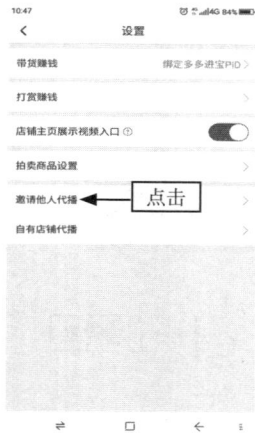

图4-5　点击"邀请他人代播"按钮　　　　图4-6　点击"代播广场"按钮

（3）进入"多多直播官方代播广场"界面，❶展开"筛选"菜单；❷在"擅长类目"中选择相应的商品类目；❸点击"确认"按钮，如图4-7所示。

（4）即可筛选出相应类目的主播，如图4-8所示。

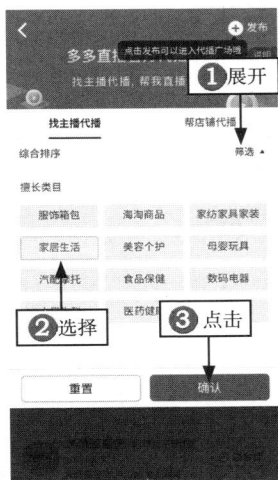

图4-7　点击"确认"按钮

图4-8　筛选出相应类目的主播

（5）选择合适的主播或店铺后，点击"谈合作"按钮，即可跟主播或店铺进行合作沟通，如图4-9所示。

（6）另外，❶商家也可以在代播广场中点击右上角的"发布"按钮；❷在弹出的提示信息框中点击"发布"按钮，发布找主播代播的信息，让主播主动找到你，如图4-10所示。

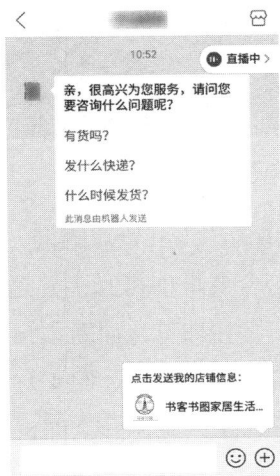

图4-9　跟主播私聊

图4-10　发布找主播代播的信息

邀请代播成功后，即可在店铺主页或相应的商品详情页中，显示直播悬浮窗。对于拼多多商家来说，代播的好处如图 4-11 所示。

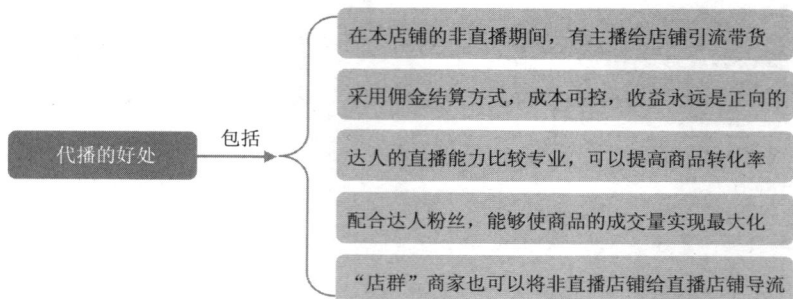

图 4-11　代播的好处

2 淘宝

进入阿里 V 任务官方网站页面后，单击右上角的"登录 / 注册"按钮，如图 4-12 所示，用自己店铺账号登录。

图 4-12　单击"登录 / 注册"按钮

商家登录平台后，若未入驻过平台的账号，可单击"入驻资质查询"按钮，查看是否符合相关入驻要求，如图 4-13 所示。若符合要求即可马上开通，入驻类型选"店铺"，单击"店铺"下面的"马上开通"按钮即可，如图 4-14 所示。

进入"开通店铺身份信息"界面，按要求填写完店铺信息，如图 4-15 所示，勾选相应平台协议前的复选框，单击"确定"按钮后即完成入驻，即可在 V 任务平台进行操作（天猫商家入驻 V 任务平台还需要绑定运营号）。

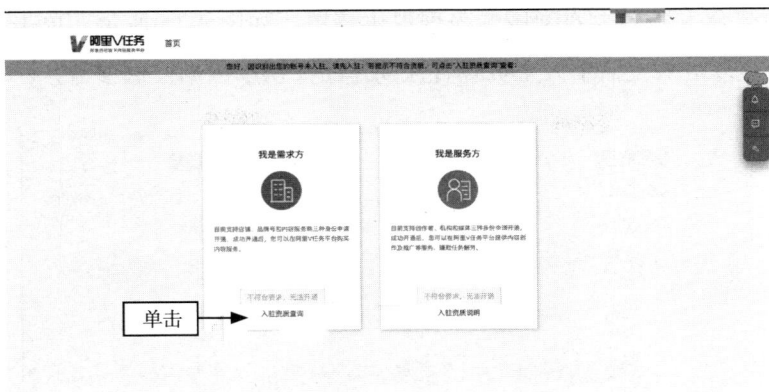

图 4-13　单击"入驻资质查询"按钮

图 4-14　单击"马上开通"按钮

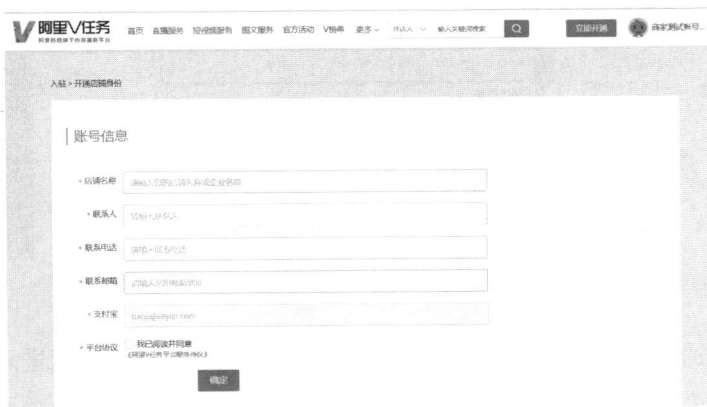

图 4-15　按要求填写完店铺信息

完成以上操作后，平台甄选了一批优质且适合商家的主播，减少商家的筛选成本，并结合主播在内容领域的表现提供榜单，如图 4-16 所示。单击相应主播的头像，可以进入主播个人主页查看往期作品（榜单数据仅供参考）。

图 4-16　精选达人推荐

进入达人主页可查看服务详情、粉丝分析、历史作品数据及主播的累计评价等，方便商家全面地了解主播。商家可以根据这些综合分析该主播是否适合自己，如图 4-17 所示。

图 4-17　达人主页

发现了适合的农产品主播后，商家可以单击"合作咨询"按钮进入洽谈环节，先与服务方进行沟通后再下单。

4.1.2 第三方平台

第三方通常是指相对于甲方、乙方之外的丙方。在交易中，第三方一般是指在中间进行交易的平台，如淘宝网就属于第三方电商平台。寻找主播的第三方平台有很多，下面介绍几个寻找主播资源的第三方平台。

1 MCN 机构

说到第三方平台，就绕不开 MCN 机构。MCN（Multi-Channel Network，多频道网络）机构是运行 MCN 模式的机构，MCN 起源于国外成熟的网红经济运作，通过 PGC（Professional Generated Content，专业生产内容）将内容整合，在强大的资金支持下，保证内容的持续输出，最终实现商业的稳定转化获利。

图 4-18 所示为艾媒咨询发布的部分《2020 MCN 机构排行榜》，商家可以自行在网上搜索全部排行榜并按照这个排名自行选择第三方机构。

图 4-18　MCN 机构综合竞争力部分排行榜

值得注意的是，这些机构比较适合资产雄厚的企业和商家，不适合小型的农产品商家。

2 数据分析平台

除了 MCN 机构，商家选择主播时还可以使用一些数据分析平台。例如，市场上最常用的数据分析平台有蝉妈妈、飞瓜数据和知瓜数据。选择数据分析平台的好处是，你可以根据自己的需求和平台上的数据，为你的产品选择合适的主播。

如图 4-19 所示，进入蝉妈妈官方网站页面后，❶单击右上角的"注册|登录"按钮，按要求注册并登录；❷在左上角选择需要进行直播带货的平台，值得注意的是，这个数据分析平台只有抖音和小红书这两个平台的数据及主播资源；选好平台后，❸单击中间的"达人"链接选项。

图 4-19　"蝉妈妈"官方页面

进入"达人"界面后，可直接在搜索栏中输入达人名称、抖音主页链接或抖音号，然后根据自己的需求在"达人分类""带货分类"的选项中选择适合自己的主播，在"筛选条件"选项中进一步筛选适合自己的主播类型，设置好条件后，即可在下方看到符合条件的主播的粉丝总量、粉丝增量等情况，如图 4-20 所示。

图 4-20　"达人"界面

选择相应的主播后，进入该主播的详情页面，可以看到关于主播的"基础分析""直播分析"等情况，如图 4-21 所示；在"基础分析"页面中可看到主播最常推广的品类、销售最佳的品类，如图 4-22 所示；在"粉丝分析"页面中可看到主播的粉丝增量等情况，商家可根据这些数据与自己的产品进行匹配，从而选择适合自己的产品的主播，如图 4-23 所示。

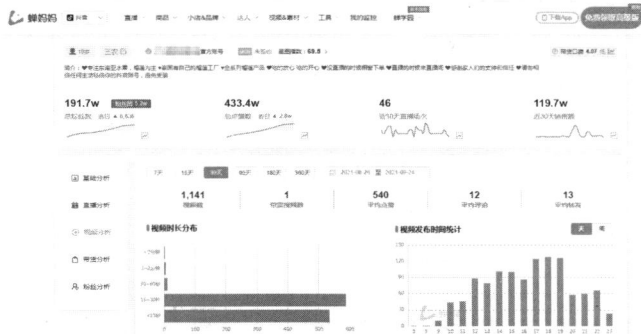

图 4-21　主播详情页面

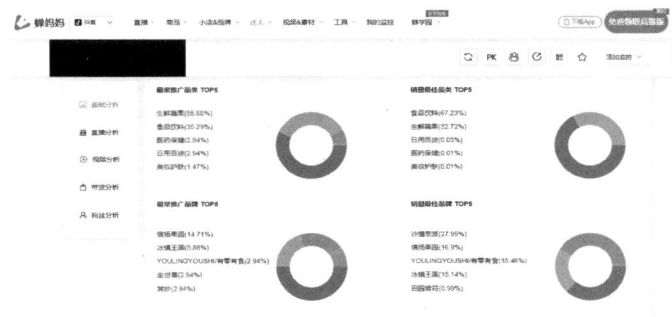

图 4-22　"基础分析"详情页面

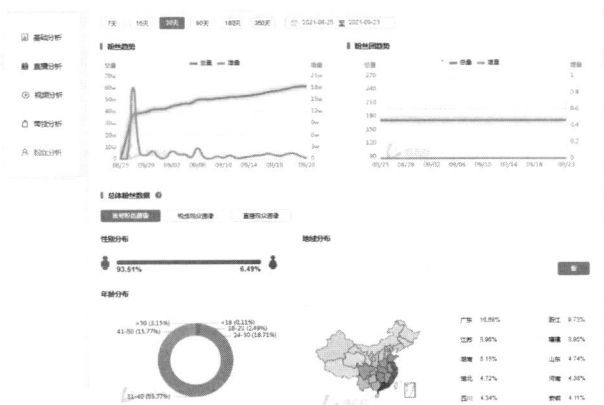

图 4-23　"粉丝分析"详情页面

许多第三个机构向我们推荐的主播，我们也可以通过这种类型的数据分析平台将相关数据可视化。当然，这仍然不能排除刷数据的情况。我们需要稍微扩展数据的时间范围，并分析过去和现在的直播带货数据的变化。

3 媒体资源采购平台

有一些媒体资源采购平台上也存在着主播资源，相比 MCN 机构来说，这种资源采购平台会进行一定的筛选，会少一些"套路"，常见的媒体资源采购平台有传播易、微播易等。

商家在进入"传播易"官网页面后，❶单击"登录"按钮，进入首页界面；❷在分类导航中选择"带货主播"选项，如图 4-24 所示。

图 4-24   "传播易"官网页面

在"带货主播"页面中，商家可根据自己的需求在"带货平台""带货渠道""带货形式"选项中选择合适的主播，如图 4-25 所示。

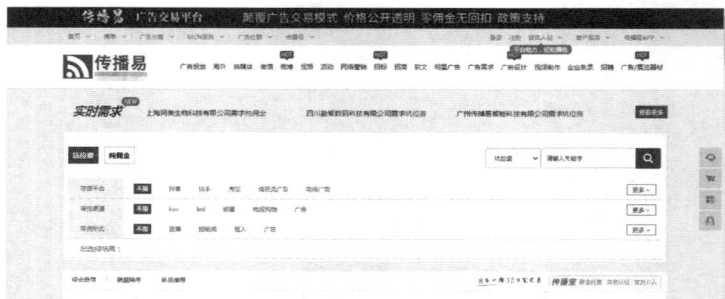

图 4-25   "带货主播"页面

值得注意的是，不要以为你的产品很好，网红主播都是拿钱帮你卖货。目前商家合作的计费方式有两种，第一种是"坑位费＋佣金"方式，第二种是"纯佣金"方式，纯佣金意味着不收"占坑费"。只收取"纯佣费"，一般有两种情况，一是收不到"占坑费"，二是主播对自己的带货效果充满信心。如果带货的效果很好，那么后期也会收取"占坑费"的。

"坑位费"，字面意思是商家必须支付给主播占坑的费用。如果一个商家的农产品想要出现在直播间，就必须支付固定的费用。也就是说，如果你希望网红主播帮助你将农产品带入直播间并推广，你就需要交给主播"占坑费"，这也称为服务费或发布费。支付"占坑费用"后，你的农产品就有资格出现在主播直播间。至于农产品能不能卖得出去，卖出去多少，都是主播不能承诺并保证的。目前，大多数直播带货的主播都要收取"坑位费"，这主要是为了保障主播的权益，采用提前收费的方式。

另外一种合作方式是"纯佣"，这种方式是主播帮忙卖出去多少货，对应的收取其中的一部分提成。如果主播卖出去 100 万元的农产品，其中商家与主播商定佣金为 20%，那么主播就会收取其中的 20 万元作为佣金。当然佣金的比例也不尽相同，根据主播的等级、产品的不同，佣金的比例也会有所不同，市面上的主播红人佣金大多集中在 20% ～ 40%。

如果你想以纯"佣金"的方式与网红带货主播进行合作，大多数的主播都不会愿意，除非你的农产品特别好，消费者特别喜欢，销量一直很高，主播觉得很划算才会不收取"坑位费"。

4 U 渠道

如果你没时间去联系主播，可以去 U 渠道发布需求，这是一个实名制商务对接平台，在这种平台上你只需发布需要的主播要求，之后就会有很多机构或主播来联系你。下面介绍在 U 渠道发布需求的具体操作方法。

（1）进入 U 渠道官网，❶单击"登录"按钮（未注册的先按要求注册）；❷选择"需求"选项；❸单击"免费发布需求／提供的服务"按钮，如图 4-26 所示。

（2）进入需求发布页面，单击"找渠道合作"按钮，如图 4-27 所示。

图 4-26　U 渠道官网

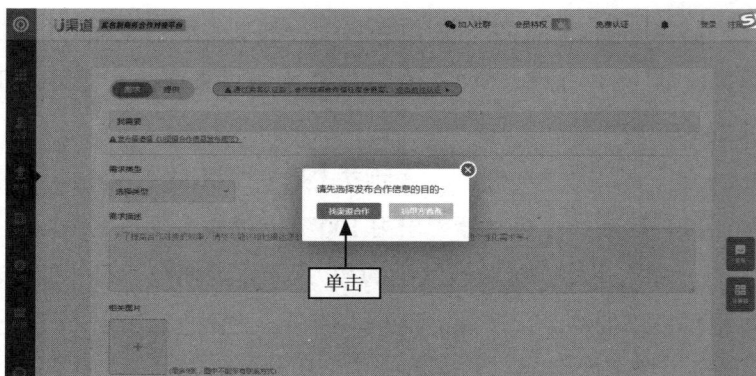

图 4-27　单击"找渠道合作"按钮

（3）❶简要填写你所需的主播情况；❷在"需求类型"列表框中选择你需要的类型；❸在"需求描述"下面详细地描述你所需的主播要求；❹点击上传照片；❺填写你的真实联系方式，如图 4-28 所示。

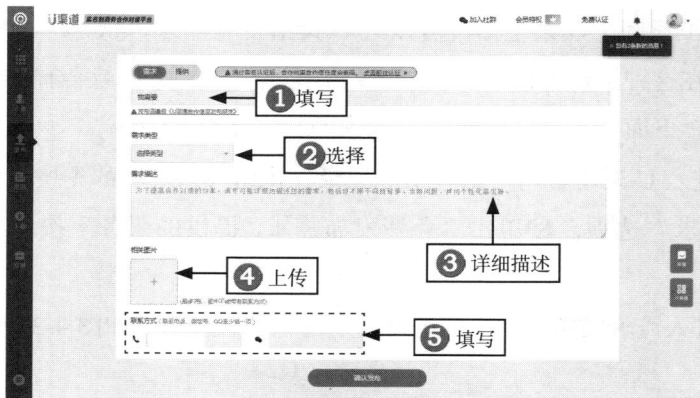

图 4-28　U 渠道发布需求界面

4.1.3 商家论坛或社群

除了官方平台及第三方机构这两种方式找主播外，还有一种方式就是去商家论坛或者百度贴吧找一些社群、主播资源，也可以加入一些付费的社群，社群中一般会有很多机构资源，商家可以进行对接。值得注意的是，这种一般倾向于以"纯佣"的方式来合作，不用收取额外的费用。

如图 4-29 所示，商家可以在百度贴吧上直接搜索"带货主播""直播带货"等关键词，然后单击图标 🖉 发帖。

图 4-29　百度贴吧搜索关键词

4.2 农产品主播的个人形象准备

主播在直播间推荐不同的产品时，其形象也不尽相同。如果卖农产品，最多的形象是以地地道道的农民出镜，这样的形象可以拉近与观众的距离；其次还有一种是以网红的形象来推荐。不管是何种形象，都要不邋遢、不娇艳，毕竟农产品直播间是带货平台，不是秀场平台。

4.2.1 以地道农民的身份出现

卖生鲜和农产品的店铺，主播需要接地气一些。淳朴憨厚的农民形象就很接地气，观众的排斥感会小很多，因此也会非常愿意去了解他们的产品。此外，来直播场景很贴近日常生活，也容易拉近与观众的距离，因此这样的直播间对观众来说更有吸引力，而且产品甚至就是他们自己种出来的，对产品的播种、生产流程他们比谁都清楚，也让观众更加放心。

图 4-30 所示为农产品的直播封面，皆采用了地道的农民的照片作为封面，给人一种接地气，容易让人信任的感觉。

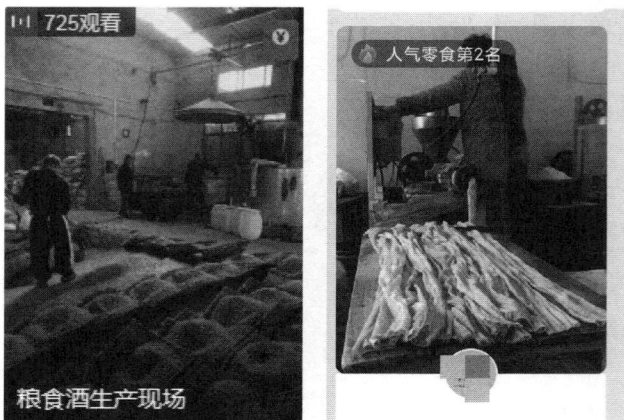

图 4-30　地道农民做封面

如图 4-31 所示，直播间的主播为地地道道的农民，并在直播间内展示主播在做农活、整理农产品的景象，这样的主播更能让观众放心。

图 4-31　地道农民做主播

4.2.2 以网红来访的角度直播

有些农产品直播间是以网红走访原产地、加工现场的方式进行直播。这种直播方式的好处是：一方面相对于地地道道的农民，网红对于直播间的处理方式会相对娴熟，出现的问题相对较少；另一方面，网红本身具有一定的流量或热度，通过网红来访的角度进行直播，可以减少前期直播间内关注度较少的情况。

图 4-32 所示为以当地网红来访的角度直播，带动了当地该产品的销售量。

图 4-32　以当地网红来访的角度直播

(4.3) 快速打造农产品主播矩阵

打造一个农产品主播矩阵格局，可以让农产品主播更加深入了解各类农产品，让主播看起来更加专业，从而为直播间带来更大的流量。

4.3.1 确定人设，脱颖而出

人设，一直是吸引粉丝的"法宝"，当主播树立起自己的人设后，需要不断地向观众去强调自己的人设，更重要的是让观众相信自己的人设。

对于很多培养主播的 MCN 机构及个人主播来说，如果能够打造一个好的人设，不仅能够快速吸引观众，给直播间带来持续的流量及热度，而且还能在一定程度上增加粉丝的黏性。但是新人主播该如何建立人设呢？如图 4-33 所示，商家或者主播可以根据以下三点建立人设。

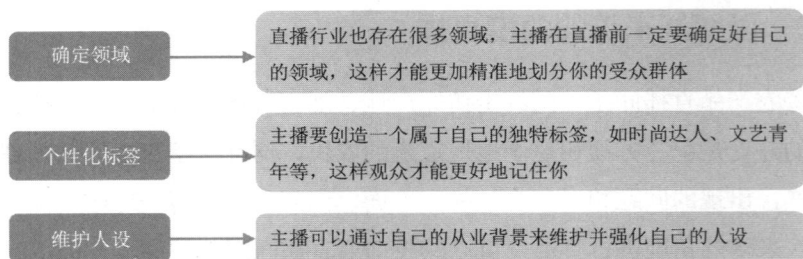

确定领域	→	直播行业也存在很多领域，主播在直播前一定要确定好自己的领域，这样才能更加精准地划分你的受众群体
个性化标签	→	主播要创造一个属于自己的独特标签，如时尚达人、文艺青年等，这样观众才能更好地记住你
维护人设	→	主播可以通过自己的从业背景来维护并强化自己的人设

图 4-33　建立人设的方法

人设有什么好处，能给直播间带来什么呢？具体的好处有以下几点。

（1）让观众更有记忆点。在直播间的农产品越来越同质化的情况下，观众第一次进入直播间时，如果主播人设不够鲜明，是很难让人产生记忆点的。有一个好的记忆点，也能为商品增加无形的附加值。

（2）可以为直播间内的观众提供更多的需求，并有助于直播间主播和观众之间建立信任。每个人身处于社会中，生理、心理、社交等方面都会有不同的需求，但与人打交道最重要的是信任的需要，一个好的主播人设就可以给你的观众信任需求。

（3）使得关注的粉丝更加精准，直播间转化更加顺利。不同的人有着不同的性格、人设，每一面都有不同的人喜欢，每一种人设都有相对应的观众，从观众到粉丝再到购买下单，主播的人设就是这些转变的基础和催化剂。

如图 4-34 所示，两个农产品主播分别为自己建立了一个人设，"容县金×××""新疆蜜姐×××"这两个人设一方面可以让人记忆深刻；另一方面也可以对应吸引到许多喜欢他们的观众。

图 4-34　直播人设

具有独特个性的主播不仅可以缩短消费者做出消费决策的时间，还可以提升消费者的复购率。这些主播还可以依靠自己的吸引力为产品赋能并建立消费者的信任。

4.3.2 学会包装，更加亮眼

如今，直播已成为一种流行方式，越来越多的人想要进入直播间成为主播，因此直播间也越来越多。在众多的直播间内，普通人想要成名本来就是一件很难的事情，如果只是想着吸引观众的注意力，却找不到适合自己的人设，那么达到的效果也不会长久。所以，每个主播都需要根据自己的特点，选择适合自己的特色来包装自己，从而让更多的人持续关注你。

1 直播主播自身形象的塑造

作为公众人物，主播不仅代表着自己的形象，也代表着自己直播间的形象。因此，主播需要根据自己的形象来塑造好适合自己的人设包装，从而增强直播内容的视觉效果。

（1）直播主播的着装

在与人交往的过程中，服装是最先给人最直接的视觉感受。好的服装搭配可以无形中提升主播的个人魅力。对于直播带货，主播的着装要以自然、大方、整洁、利落为原则，不能太随意。

具体来说，主播在选择直播服装时需要考虑以下三个方面。

一是主播的自身条件。主播在选择服装时，可以选择与自己个性特征相符的，如年龄、身份等，同时能够展示自己独特风格的服装。

二是直播间观众的观感。站在直播间观众的角度来看，主播的衣服最好是要整洁大方，不可以在直播间穿着过于暴露的服装，尤其是农产品直播间的主播，要做到礼貌、得体，营造健康的网络环境。

三是考虑直播内容。主播还需要根据当场直播的内容和场景来选择服装，如特色农产品可以选择当地特色服装，以体现直播画面的和谐和整体之美，如图4-35所示。

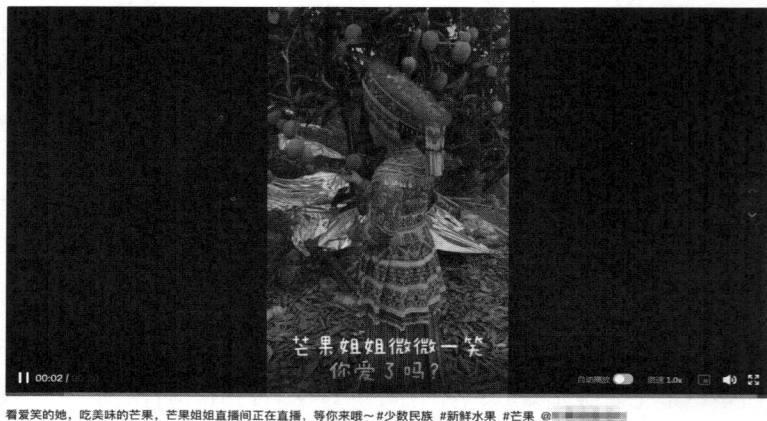

看爱笑的她，吃美味的芒果，芒果姐姐直播间正在直播，等你来哦～#少数民族 #新鲜水果 #芒果 @▮▮▮▮▮▮▮

图 4-35　根据直播内容搭配衣服

2 形象包装

有一个鲜明的形象才能让观众更好地记住，如"活泼的小燕子""乖巧的小昭"等。在确定自己的形象之前，要先了解大多数的网友喜欢什么类型的主播，再看看自己的性格适合哪一种。

如图 4-36 所示，有三种主播类型。主播可以按照自己的形象、气质等，选择一个符合自己且受大众喜欢的主播类型去模仿。

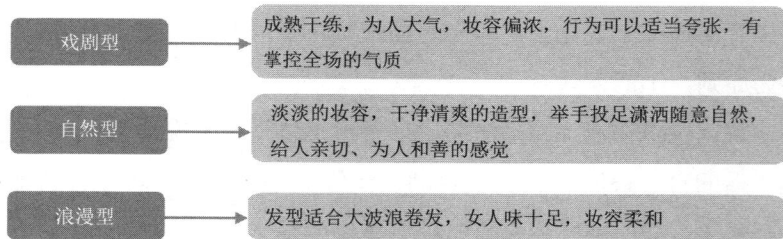

戏剧型	→	成熟干练，为人大气，妆容偏浓，行为可以适当夸张，有掌控全场的气质
自然型	→	淡淡的妆容，干净清爽的造型，举手投足潇洒随意自然，给人亲切、为人和善的感觉
浪漫型	→	发型适合大波浪卷发，女人味十足，妆容柔和

图 4-36　三种主播类型

3 直播主播的妆容

有一个好的妆容会让直播间的观众觉得主播对这场直播的重视，也会让观众觉得自己受到了尊重。

不同的带货直播间，主播的妆容也不尽相同。对于推荐美妆类的直播间来说，主播的妆容可以稍微夸张一些，这样可以更加体现美妆类商品的效果。但对于农产品直播间来说，主播的妆容不可太过艳丽，化一点淡妆即可。切记不可为了追求视觉上的刺激及吸引观众从而化一些千奇百怪的妆容，要时刻记得考虑观众是否能够接受。

想要成为最受欢迎的农产品主播的全部意义在于你如何充分了解互联网用户的喜好，并且你是否能在关键时刻让直播间的观众眼前一亮。农产品主播学会包装和提升专业能力一样，是一个不断努力、反省、改进的过程。

4.3.3 提升素质，成功吸粉

要想成为一个好的主播，其专业素养和心理素质必须要足够好。有一个好的专业素养和心理素质，才能为直播间成功吸粉。

1 专业素养

如今直播行业的竞争已经越来越激烈，因此直播间的主播需要不断地提升自己的专业能力及专业素养，才能有立足之地，否则就只能被淘汰。那么，如何提升主播的专业素养呢？

（1）做好直播规划

直播主播的专业性体现在其能够在直播前、直播中、直播后三个环节中做好直播规划，如图 4-37 所示，这样才能打造出更好的农产品直播间。

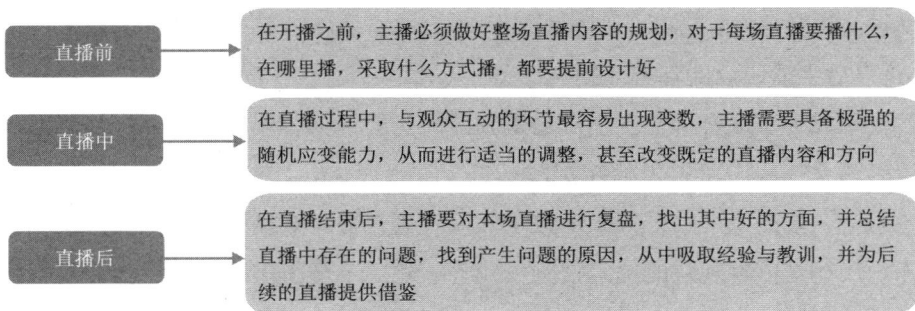

直播前	在开播之前，主播必须做好整场直播内容的规划，对于每场直播要播什么，在哪里播，采取什么方式播，都要提前设计好
直播中	在直播过程中，与观众互动的环节最容易出现变数，主播需要具备极强的随机应变能力，从而进行适当的调整，甚至改变既定的直播内容和方向
直播后	在直播结束后，主播要对本场直播进行复盘，找出其中好的方面，并总结直播中存在的问题，找到产生问题的原因，从中吸取经验与教训，并为后续的直播提供借鉴

图 4-37 做好直播规划的三个环节

直播后的注意事项如下。

• 分析观众：通过互动分析和观众分析，找出直播间的流量来源和观众的关注点，如图 4-38 所示。

• 分析商品：通过本场直播的单品分析数据，找到最佳的带货产品，同时调整下一场直播的货品。

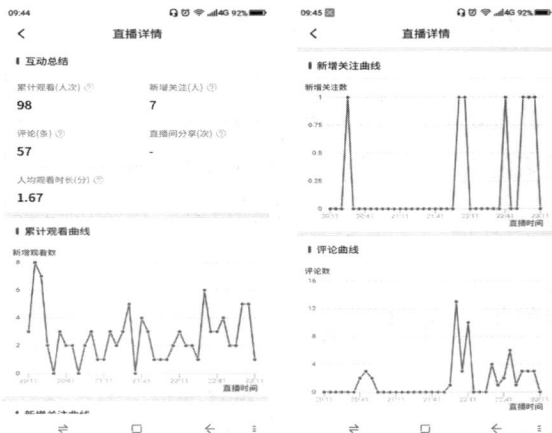

图 4-38 互动分析

• 分析主播：根据本场直播的成交订单数据和流量数据，查看数据高的时段，主播是如何做的；数据低的时段，主播又有哪些不足。这样在下一场直播时，主播可以保持做得好的地方，同时优化做得不好的地方。

（2）直播主播的说话艺术

在直播间，语言表达是非常重要的，好的语言表达可以激发观众的购买欲望。相较于主播的外在形象，说话更能体现一个人的文化水平和气质。在直播间内，即使主播的外在条件再优秀，但说话语无伦次、毫无逻辑性，观众也会失去观看的兴趣。说话是一门艺术，要想成为一个好的主播，就必须掌握这门艺术。

• 直播主播说话的基本原则

要想成为观众喜欢的主播，最重要的就是会说话，要让观众在直播间有一种亲切的感觉，这样才能获得更多的关注。

第一，主播说话的语气不可过于怯懦或者强势。怯懦是指主播在直播间不会发挥，仅仅是依靠观众的提问，问一句答一句，不懂得占据主动。强势是指在直播间只顾自己，不理观众问题及评论，自说自话。这两种极端的表现都不可以在直播间内出现，过于怯懦，观众不会产生信任感；过于强势，则会导致直播间粉丝的流失。

第二，说话用词要得体。如果主播在直播间夸大其词，或者不看对象，会成为引起观众反感的导火索，所以主播要使用恰当的词语，这样才不会引起观众的反感。

主播都会有一些日常训练，如图 4-39 所示，主播可以通过以下几种方式来训练自己的说话方式、技巧等。

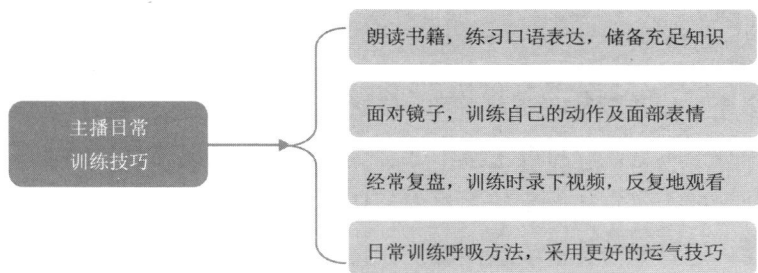

图 4-39　主播日常训练技巧

第三，语言表达方式要灵活。语言的表达方式会随着说话的对象、场合等改变，不同的场景、不同的说话对象，同一句话的表达不尽相同。在直播间，根据不同的观众、不同的目的，主播要灵活选择直接或委婉地表达意见。该直接的时候不直接，该委婉的时候不委婉，这样是达不到有效沟通的效果。

第四，学会表达感谢。在直播间中，主播要及时感谢直播间的观众对于自己的赞美评论。实际上，直播中想要获得关注的不仅是主播一人，观众也希望获得关注。因此，主播对于观众的赞美要及时感谢，会让观众有一种主播也在时刻关注他们的感觉，从而觉得自己受到了尊重，在一定程度上也可以刺激观众的消费欲望。

•寻找有趣的沟通话题

在直播过程中，只要有话题，就能不断地与观众进行沟通。主播可以通过以下方法来寻找沟通的话题，以打破直播间冷场的尴尬。如图 4-40 所示，主播可以通过以下两种方式寻找有趣的沟通话题。

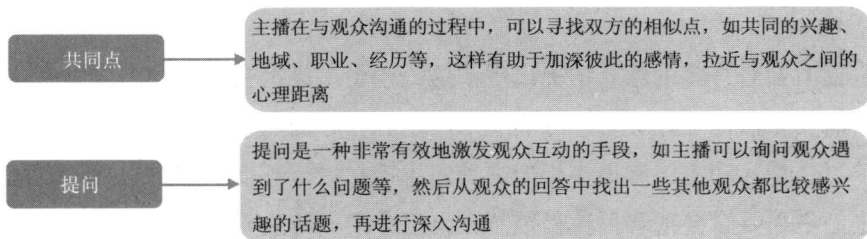

图 4-40　互动分析

2 心理素质

一名出色的主播，具备良好的心理素质尤为重要。一般来说，主播需要具备以下心理素质。

（1）自信

有很多新主播甚至是已经直播了一段时间的主播总是会担心自己没发挥好，或者是害怕观众不喜欢，自己上镜不好看等。这是主播缺乏自信的表现，如果主播缺乏自信，就会对直播产生很多焦虑，从而会导致在直播间慌乱，发挥失常。因此，主播一定要保持自信，这样即使在直播间出现意外状况，主播也能巧妙地化解。

（2）尽职尽责

每个主播在直播初期的时候都会经历直播间没有人观看或者零星几个人观看的情况，这些都是必须经历的，这是很正常的现象。如果主播在面对这种情况时消极懈怠，敷衍了事，只会让直播间的情况更加糟糕。

不管是做任何事都应该认真、负责，直播也不例外。作为一名主播，想要持久地发展下去，从一开始就要认真对待，即便直播间只有一个人。这既是对主播自己负责，也是对直播间的观众负责。新人主播即便暂时没有丰富的直播经验，但是如果认真对待每一次直播、尽职尽责，观众也会愿意留下来。

（3）乐观

作为公众人物不可避免地会有一些负面评价。众口难调，谁也不能保证自己能够得到所有人的认可，因此主播不要过分地关注观众对自己的负面评价，不要因为这些负面评价影响自己的直播心情。

在直播过程中，还可能会遇到各种各样令主播感到不舒服甚至难过的事情，但无论在直播中发生什么，主播都应该以乐观的态度积极对待。

（4）冷静

直播时会有许多的意外情况出现，这是每个主播都会遇到的。当遇到这种情况时，需要主播稳定好心态，冷静下来，才能更好地处理突发事件。

节目主持人和主播有很多相似之处，主播在一定程度上也是主持人。在直播过程中，主播要学会把节目流程控制在自己手中，特别是面对各种突发事件时要冷静。主播应该不断修炼自己，多多向优秀的节目主持人学习。

第 **5** 章

选择场景：
搭建高人气农产
品直播场景

主播是直播间的核心与灵魂，但场景也是一种点
缀，有着同样重要的作用，一个好的场景能带来更高
的转化率。当然，直播间的场景有很多种，主播可以
根据产品适当地选择直播的场景。

5.1 农产品直播带货的主要场景

一场直播，场地也是至关重要的。一个好的直播场地不仅可以为视频创作和直播带来稳定的、具有成本效益的拍摄结果，还可以帮助团队提高整体的视觉效果和无限的创作空间，在众多视频或直播中脱颖而出，获得更多的曝光量。

5.1.1 原产地直播

原产地直播是商家选择比较多的场景，商家拿着手机在自家种的水果、蔬菜产地走一圈，展示一下农产品的生长环境及生长情况，可以增强观众的信任感，促使他们下单。但是，在原产地直播，商家一定要保证直播设备的电量充足及网速的问题，如果网速不好，还是尽量选择在家或者仓库直播。

以下是原产直播的几点好处。

1 真实

相比于其他地方直播，原产地直播更能让观众清楚明白地看到农产品的生长情况及周围的环境，并且在直播间直接向观众展示也比单纯的图片或短视频要显得更加真实，还可以根据观众的意见改变镜头方向。

图 5-1 所示分别为销售枣子及苹果的直播间。在直播间，商家将农产品的原产地作为直播间的主要场景，真实地展现了枣子及苹果的生长环境。

2 信任

如果在原产地直播，大多数主播都是农民自己，这些地地道道的农民可以降低直播间观众的排斥感。同时，原产地直播可以让观众看到商家所销售的农产品都是农民自己种出来的，这在一定程度上也可以增加观众的信任感，进而降低信任成本，如图 5-2 所示。

图 5-1　原产地为主要场景的直播间（1）

图 5-2　原产地为主要场景的主播间（2）

3 去"中间商"

　　原产地直播真正做到了"人、货、场"的统一，真正做到了"去中间商"。如今，我国大部分的农产品销售都采用"经纪人—产地批发商—销地批发商—零售商"的模式来销售，这样的模式有很多的中间环节，其与原产地直播相比，存在着农产品不够新鲜、成本增加等一系列问题，如图 5-3 所示。

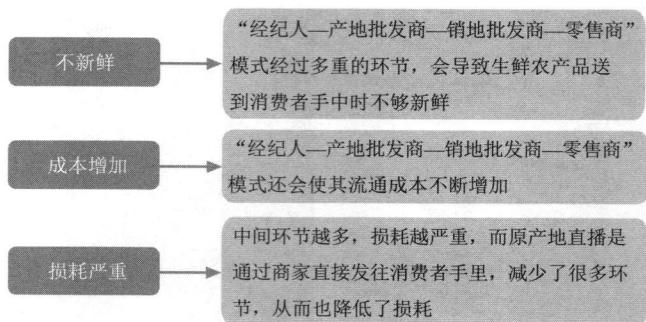

不新鲜	"经纪人—产地批发商—销地批发商—零售商"模式经过多重的环节，会导致生鲜农产品送到消费者手中时不够新鲜
成本增加	"经纪人—产地批发商—销地批发商—零售商"模式还会使其流通成本不断增加
损耗严重	中间环节越多，损耗越严重，而原产地直播是通过商家直接发往消费者手里，减少了很多环节，从而也降低了损耗

图 5-3　"中间商"出现的问题

随着原产地直播的兴起，大多数的农民都开始自己开直播当主播，通过直播的模式直接对接消费者，这样就去掉"中间商"，同时直播销售的农产品会直接从原产地出发，通过物流送到消费者手里，保证其新鲜度，提高了消费者的满意度。

原产地直播解决了传统农产品流通模式成本高、损耗严重等问题，同时这也是一个商家与消费者沟通互动的有效平台，促进了信息对称。也许，随着时间的推移，有机健康绿色农产品的价格将会从昂贵变得更加容易让人接受，消费者能够吃得更健康、更放心。

4 转化率高

进入一些将原产地作为直播场景的直播间，可以看到其粉丝数量及观看量其实并不是很高，但是转化率却很好。

例如，西双版纳有着绝佳的地理位置，有许多种类丰富的热带水果，因此也被称为"天然果园"，榴梿便是其中的一种。一名主播凭借这一条件，开启了他的直播带货之路，如图 5-4 所示。

该主播开启的榴梿专场直播在 2 个小时内就已经销售 20 万，整场直播共卖出去 9 600 多件商品，最终销售额达到 51 多万元，但是其观看人数不到 3 000 人，其转化率已经算是很高了。

事有两面性，有好处也有坏处。

在原产地直播的缺点是，如果直播间有大量观众观看，而且他们非常活跃，主播将无法照顾到每一个人，更没有办法实现每个人提出的要求。有的主播为了节省时间，放的是录好的视频，观众在直播间询问问题却没有人回答，这就会给直播间的观众带来不好的体验。

今晚6:30直播间等你了，榴梿买一送一 #快手幸福乡村带头人

图 5-4　榴梿直播间

此外，有的观众在收到货后不满意，又会在直播间或产品评论里"差评"，从而影响其他观众对主播的印象，增加购买的顾虑。面对这种突发状况，需要主播能够引导观众，解决观众购买时的顾虑。

5.1.2　仓库直播

除了在原产地直播以外，主播们还可以选择在存储农产品的仓库直播。在仓库直播，也分为以下两种类型。

1 仓储及仓配企业邀约

不管是在原产地还是在家中直播，都只能展示需要推荐的农产品的情况及优惠程度，但是其物流的情况却是消费者所不知道的直播盲区。而为了更加吸引消费者下单，发挥在产品上的优势，很多平台及商家开始搭建自己的供应链，一次性完成生产、销售、运输、售后等整个流程。

通过仓储及仓配企业的邀约，在仓库进行直播，就可以让观众了解到自己产品的物流情况。此外，仓库直播还有以下几个优点。

（1）勾起观众的好奇心

观众平时很少能够接触到仓库场景，商家可以利用这一点在仓库内进行实时直播，从而满足观众的好奇心。此外，很多的仓配一体化的商家有着许多的仓库实景，这也为直播带货提供了新的场景与模式，如图 5-5 所示。

图 5-5　仓库直播

（2）产品的货源充足

仓库本就是存储东西的地方，因此在仓库直播货源会更加充足，当观众在直播间询问产品情况时，主播就能直接将产品拿出来给观众观看。

（3）物流有保障

仓配企业除了可以存储农产品以外，还可以直接进行配送，因此仓库直播相对于其他单纯地展示产品的直播，它可以更好地给观众展示农产品的包装、运输情况，保证了物流的快速和安全。

在仓库的后续直播中，可以对农产品的包装过程进行现场直播，消费者能够在直播间看到真实的发货过程，不用担心交货时间和暴力分拣等问题，从而确保为消费者提供更好的消费体验。同时，仓库直播也减少了售后问题，避免了展示产品与实际产品不一致的情况，更容易获得消费者的信任。

2 农民自建仓库

有些农产品是农民自产自销，而且家在农村，住房一般都比较大，因此许多的农民都会在自家旁边建一个小型的仓库，或者就直接把其中一个房间作为仓库，这样的直播也具有极强的真实感，如图5-6所示。

图 5-6　农民自建仓库直播间

5.1.3　家中直播

如果原产地的直播环境不理想，或者不方便在原产地直播，商家可以选择在家中直播，将一些好的样品放在直播间，然后进行直播带货。

在家直播的优势是直播比较方便灵活，将农产品直接在桌上摆放好，布置好背景及直播设备即可进行直播。而且相比在原产地及仓库直播，在家直播安静不嘈杂，同时网络环境也比前面两个要好得多。

但是如果在家直播，直播间就不能直观地展现农产品的生长环境，观众只能通过你选择的样品来判断水果的好坏。如图5-7所示，两个直播间都是采用在家直播的方式，通过将本场直播间需要推荐的样品放在桌上，然后由主播一一进行介绍的方式推荐农产品。

图 5-7　在家中直播

5.2 将农产品通过直播实时展现给观众

不同于衣服、首饰类的产品，在直播中除了要展示成品以外，制作过程是不好进行直播的，但是农产品直播可以做到这一点。除了原产地以外，农产品的整个生长、生产和加工等环节都可以通过直播实时地展现给观众。

5.2.1　农产品的种植过程

农产品的直播间内除了可以展示商品以外，还可以把农产品的种植过程实时地直播出来。一方面，有很多人并没有真正地种植过蔬菜、水果等农作物，实时直播农产品的种植过程可以给直播间的观众一种新鲜感；另一方面，将农产品的种植过程进行实时直播，也可以让观众了解到农产品的生长环境，从而减少观众下单时的顾虑。

图 5-8 所示为荞麦的种植过程，主播可以根据种植过程分几次开直播，并在直播结束后对下场直播进行预告，吸引观众持续地关注。

整地	→	该农作物生长时对土壤条件要求不是很高,因此无论什么类型的土壤,都可以进行种植
施肥	→	该农作物需要的肥料较多,且根系吸收肥料的能力很强,因此其基础肥料应以草木灰等磷、钾肥为主
播种	→	该农作物播种的方式有几种,其中以条播最好,行距和播深都有一定的标准,当土壤干旱的时候,可以适当加深一些

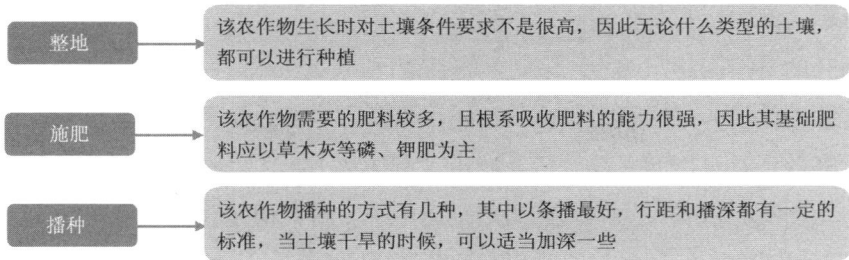

图 5-8　荞麦种植过程

图 5-9 所示为农作物种植直播间,通过直播的方式将种植过程或者种植农作物的经验分享出来,真实又接地气,吸引了很多观众观看。

图 5-9　直播分享种植农作物

此外,主播不仅可以向观众展示种植过程,还可以将农产品的种植方法介绍给大家,一边介绍,一边种植,也能很好地吸引观众的关注。而且同一种农产品其种植的方式也有多种,主播可以向大家介绍每种种植方式的好坏等,这样既可以展示自己的专业性,提高观众的信任度,还可以刺激观众持续关注你。

5.2.2　农产品的养殖过程

科学技术的发展每天都在变化,近两年火爆的直播是移动互联网、智能手机和娱乐共同发展的产物。随着直播的逐渐普及和与短视频的不断融合,目前国内几乎每个人都在玩和看直播。

现今的直播间越来越多，在众多的直播间，观众要如何一眼选中你的直播间，甚至持续关注你的直播间呢？这就需要玩出新意，那么如何玩出新意呢？

大多数观看直播的人都生活在城市，有的从一出生就在城市，家里没有养殖过大型动物及种植农作物等。有的则是出生于农村，但是现在在城市生活，他们可能经历过干农活的过程，但是现在生疏了。

因此，农产品商家可以把农产品的养殖过程通过直播的方式呈现出来，陌生的农产品养殖过程会给没有这种经历的观众带来新鲜感，给经历过的观众带来亲切感。如图 5-10 所示，两个直播间都将自己养的鸡当作直播间的内容，如实地展现了自己的养鸡方式及鸡的生活环境，从而吸引更多的观众，也让观众更加信任。

图 5-10　养鸡直播间

事实上，商家如果利用好直播养殖，也可以获得以下几点好处。

1 知识

现在也有一些直播养殖的主播有着很好的养殖技术，虽然大部分都是为了售卖农产品，但是他们有时候也会在直播间提供解决养殖时出现的问题及养殖动物生病的治疗方法等内容，商家之间可以互相学习。

图 5-11 所示为鸡的一些养殖方法，商家可以在直播时将自己养殖的方法讲述出来。

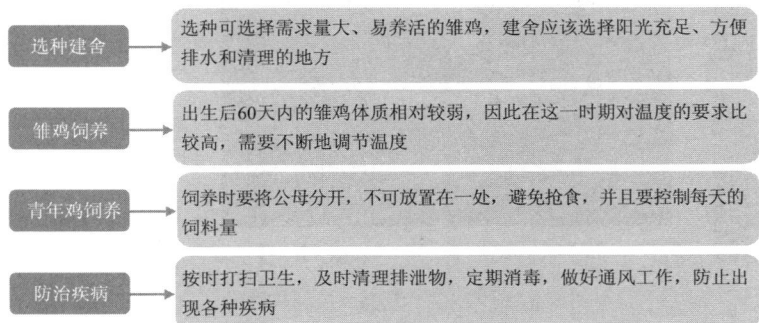

图 5-11　鸡的养殖方法

此外，除了讲解自己的养殖方法，还可以根据自己养殖的农作物或者动物讲述其注意事项，图 5-12 所示为夏秋养鸡的注意事项，商家可以将这些知识详细地讲解出来，一方面可以体现商家的专业性；另一方面也可以让观众更加信任，减少下单的顾虑。

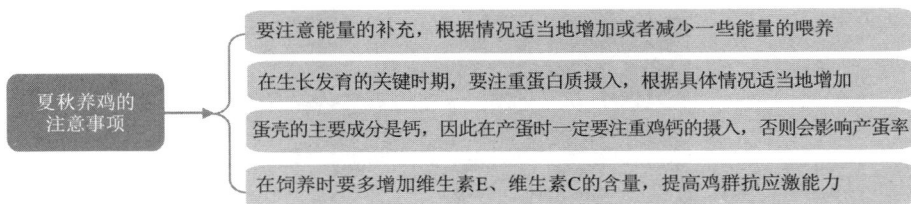

图 5-12　夏秋养鸡的注意事项

2 交流

直播间中有些观众也是熟知一些养殖技巧的，有的也有可能是养殖小能手，所以在直播时有些观众会发一些与养殖有关的评论弹幕来讨论。这时就可以与大家多交流，一方面互相学习，分享经验；另一方面也可以提高观众的好感度，让观众持续地关注直播间。

图 5-13 所示为养猪的直播间。通过将养殖过程展示出来，可以让观众看到生猪的养殖过程，让观众更加放心，同时还可以与观众进行交流，讲述自己的养殖过程与别人不同的地方或者注意事项，给观众留下一个专业的印象。

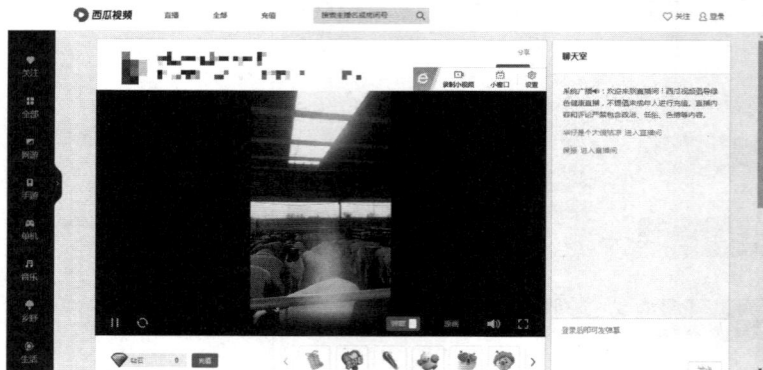

图 5-13　养猪的直播间

此外，有的商家想出了一个新的直播方式，有的商家虽然也是直播种地、养鸡过程，但是他们并不是为了自己种的，他们种的地、养的鸡都是属于观众的，主播通过收取土地的使用或者除草、施肥等的费用来获利，如图 5-14 所示。

图 5-14　云养直播模式

主播通过直播带领观众了解当地生态，然后给观众看他种下的农产品，吸引大家前来认租。主播会根据租客的要求种植农作物，并直播自己的养殖过程。主播则根据种植的难易程度收取不同的费用，完成后，主播会快递给观众，或者观众亲自到现场去收取。

如今，不少商家都开启了"云养"模式。如图 5-15 所示，养蜂人通过"云养"的模式，直播卖出了 105 万的蜂蜜，小龙虾养殖户通过一次直播就有 2 000 斤的小龙虾被领养。这种模式正不断地吸引观众的注意力，激发他们的购买欲望，进而产生一定的经济效益。

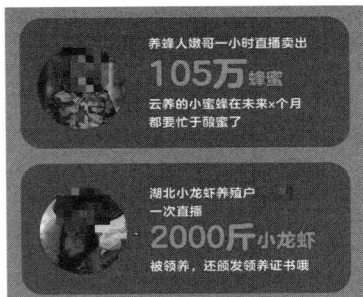

图 5-15　"云养"直播模式成果

虽然这种模式可以让观众了解到整个农产品的养殖过程，让观众更加放心，但是仍然存在不足。

（1）监管不足

这种模式要等到养成后才能进行发货，而养殖的过程短则几十天，长则几个月。动物养殖的时间太长，万一中途商家"跑路"，或者养殖的动物死了，这种情况具有一定的风险。

（2）质量问题

有一些地区，由于商家的电商经验不足，且市场化水平不高，销售出去的农产品消费者不满意，消费体验不好。如某个樱桃树"云养"项目，就出现了消费者收到的产品质量不好的问题。

（3）物流问题

生鲜农产品运输难是一个普遍的问题，农产品的包装、运输、仓储还不太完善，"云养"模式也存在这样的问题。

总的来说，这种模式的兴起也是因为观众对绿色健康农产品的关注，希望看到农产品的整个养殖过程，这样观众才能更加放心的下单。虽然这种模式还处于刚刚起步的阶段，很多地方还不够完善，但其潜力还是比较大的。

5.2.3　农产品的采摘过程

除了农产品的种植及养殖过程，还可以对农产品的采摘过程进行直播。通过对水果的采摘，可以和观众介绍水果的情况，吸引观众的注意，但是在采摘的过程中不要忘记和观众互动。

对于每天忙碌奔波，生活在喧嚣的城市中的居民来说，能看到如此真实的农村景象，心里自然也会安静下来。通过实时直播农产品的采摘过程，同时不忘直播间的观众，适当地活跃一下直播间的气氛，激起观众的购买欲望，借助直播平台的及时性和广泛性，很容易获得大量的粉丝。图 5-16 所示为农产品采摘的直播间，看着主播在直播间内采摘，会让观众有一种放松的心情。

图 5-16　直播采摘的直播间

当然，除了直接将农产品的采摘过程进行实时直播之外，有大型的园林、果林的商家还可以邀请观众来产品原产地体验采摘的过程，做体验式营销。

一方面，现代都市中的人工作压力过大，生活节奏快，身心俱疲，深入乡间，接触自然和田园可以让观众得到放松；另一方面，食品安全已经是很多人关注的问题。因此，这种现场直播采摘农产品带来的体验可以让观众在放松的同时，也能满足他们对于健康食品的需求。

如今，人们不在仅仅满足于口腹之欲，还要好玩，在玩乐的同时享受美食带来的满足感。基于此，各种各样的采摘园如雨后春笋般涌现，庄园种植的各种农产品也纷纷开始开启不一样的采摘体验，以吸引更多的消费者前去体验。第一次全国开展采摘体验是在深圳荔枝节。如图 5-17 所示，荔枝是南方人最喜欢的水果之一，通常在每年 6 月左右就能吃到新鲜的荔枝。

图 5-17　荔枝的采摘直播

　　该活动一经推出，就吸引了全国各地的消费者前来体验，但是随后果农也发现了问题。图 5-18 所示为樱桃的采摘直播。一些开展樱桃直播的果农发现，消费者大多都是第一次采摘樱桃，因此在采摘樱桃时容易出现问题，如果采摘的位置不对，这不仅影响卖相，更重要的是严重地破坏了樱桃树的生长，尽管果农在采摘之前就对消费者强调过注意事项，但是这样会严重影响来年的产量，因此造成巨大的损失。

图 5-18　樱桃的采摘直播

　　图 5-19 所示为香蕉采摘直播间，可以看出香蕉在采摘时需要把整个的香蕉都采摘下来，力气小的人根本摘不下来。

图 5-19　香蕉采摘直播间

所以，并不是所有的农产品都适合开展采摘体验，如图 5-20 所示，适合开展采摘体验的农产品具备以下特征。

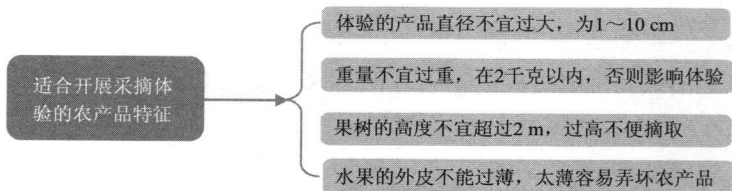

适合开展采摘体验的农产品特征

- 体验的产品直径不宜过大，为1～10 cm
- 重量不宜过重，在2千克以内，否则影响体验
- 果树的高度不宜超过2 m，过高不便摘取
- 水果的外皮不能过薄，太薄容易弄坏农产品

图 5-20　适合开展采摘体验的农产品特征

5.2.4　农产品的生产加工

有一些农产品是需要生产加工的，并不能直接食用，这些农产品在直播时就可以把生产加工的过程当作直播内容展示给观众，可以让观众更加放心，从而减少购买的顾虑。

图 5-21 所示为食用油直播间，食用油是如何生产的？要遵循哪些流程？生产食用油的主要过程是原油的精炼，主要用于精炼原油。精炼的目的根据不同的要求与用途去除油中不需要的有害杂质，从而获得符合一定质量标准的成品油。

图 5-21　食用油直播间

食用油生产工艺通常分为两种：一是浸出，二是压榨，压榨又分为冷榨与热榨。图 5-22 所示为其工艺流程。商家可以按照自己的生产工艺选择其中一个流程进行实时直播。当然，在直播时不能仅仅是直播生产加工的过程，还可以讲述这个加工过程的目的、细节等。

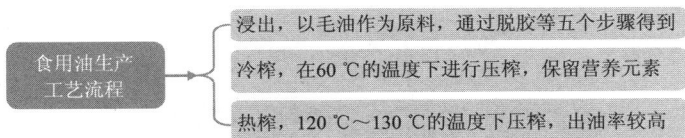

食用油生产工艺流程	浸出，以毛油作为原料，通过脱胶等五个步骤得到
	冷榨，在60 ℃的温度下进行压榨，保留营养元素
	热榨，120 ℃～130 ℃的温度下压榨，出油率较高

图 5-22　食用油生产工艺流程

5.2.5　农产品的分拣过程

有些农产品大小不一，规格不同，因此在农产品打包之前，还有一个分拣的过程，也就是将农产品按照不同的标准进行分拣。现在分拣的方式一般有两种，一种是传统的人工分拣，另一种是自动化机器分拣。

1 人工分拣

现在大型企业的分拣方式都采用自动化机器分拣，人工分拣的情况存在于一些小规模的工厂或者农户。农产品带货的直播间一般都是小规模的，更多的是农户自己，很少需要借助机器分拣。如图 5-23 所示，两个直播间的农产品都是农民自己种的，都采用的人工分拣的方式。

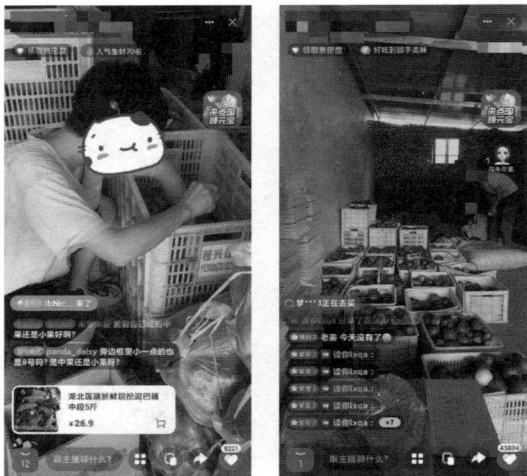

图 5-23　人工分拣直播间

2 自动化机器分拣

目前，在植物药材和农产品加工业中，用于植物药材和农产品中杂质的分选设备主要是在分选工作台上人工进行，其能够连续、大量地进行分拣产品，且分拣的误差小，人工使用少。图 5-24 所示为一种简易的分拣输送机，在使用时，产品被人工放在输送带上，然后按照要求分拣产品。

图 5-24　分拣输送机

但是，有的分拣装置还需要人工在挑选台上分拣，这种方式效率低，成本高。如图 5-25 所示，如柚子等果蔬产品的分拣，由于柚子一般较大，采用人工分拣，耗费体力较大，且工作效率低，容易出现失误，从而对后续的生产加工造成一定的影响。

图 5-25　柚子的分拣

　　但是大多数的农产品商家都采用人工分拣，商户大多为小型，一般是自家种植的农产品，不需要进行机器分拣。此外还有一种方式是让观众自己挑选，如图 5-26 所示，通过让观众自己挑选的方式，然后商家根据挑选到的水果分拣好。这种方式可以让观众挑到满意的水果，从而激发观众的购买欲望。

图 5-26　观众自行挑果的直播间

5.2.6　农产品的销售过程

农产品直播带货本来就是一个销售过程，将农产品的销售过程进行直播这是普遍的一个直播方式，大多数的主播都是直接在直播间进行销售的，毕竟这种内容的直播是最方便的，无论是在仓库、在家，还是在原产地都可以将农产品的销售过程展示出来。

如图 5-27 所示，商家直接将农产品放在直播间内，甚至标注了价格及产品名称，然后在直播间进行售卖。

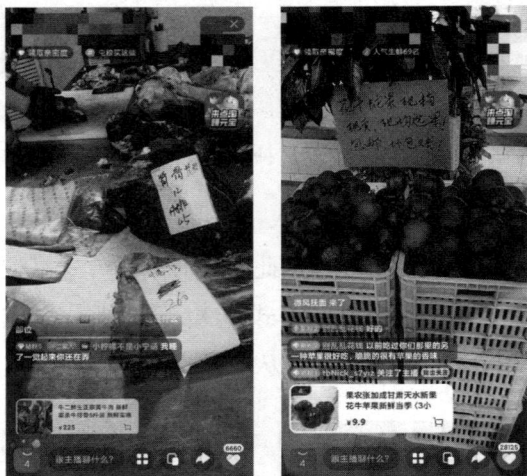

图 5-27　展示销售过程的直播间

第**6**章

直播脚本：直接套用即可出单 10 万 +

直播的画面非常形象、生动，而且在直播间内不会受到其他同类商品的影响，因此，直播带货的商品转化率比其他内容形式要更高。本章将介绍农产品直播带货的脚本策划技巧，帮助商家更加高效地进行直播带货，获得更多的粉丝和收益。

6.1 农产品带货直播稿的基本流程

写好脚本是一场优质直播的保证。对于一场成功的农产品直播来说，除了要有好的选品、渠道和主播，脚本策划也是影响直播成功与否的重要一环。即便是个人直播，也要在直播前撰写好脚本，以免在直播时出现尬聊或转化率不高的情况。表 6-1 所示为一个简洁明了的直播脚本范本。

表 6-1　简洁明了的直播脚本范本

×月×日直播脚本				
直播时间	×年×月×日　晚上×点～×点			
直播主题				
直播准备	（场地、设备、赠品、道具及商品等）			
时间点	总流程	主播	产品	备注
×点×分	开场预热	跟观众打招呼并进行互动，引导关注	—	—
×点×分	讲解 1 号产品	讲解产品：时间 10 分钟 催单：时间 5 分钟	××产品	—
×点×分	互动游戏或连麦等	互动：主播与助播互动，发动观众参与游戏 连麦：与××直播间××主播连麦	—	拿出准备好的道具
×点×分	秒杀环节	推出秒拼、甩卖及拍卖等直播商品	××产品	—
×点×分	优惠环节	跟观众打招呼，同时与其进行互动，用优惠价格提醒观众下单，并再次引导关注	××产品	—

直播脚本包括开场、产品介绍、互动、秒杀及优惠等多个环节，商家只有保证各个环节的流程滴水不漏，才能有效地把控直播的节奏，让直播间更加吸引人。

6.1.1　开场个人介绍

对于农产品直播来说，最主要的目的就是为了销售农产品。策划脚本是以销售农产品、吸引观众购买为主要出发点，通过事先设计好的剧本和环节，整理出一个大致的直播流程，同时将每个环节的细节写出来，包括主播在什么时间点和谁一起做什么事情，以及说什么话等，不断引导观众关注直播间和下单购买，实现增粉和成功销售的目的。

在直播开场时，大多数观众都是抱着猎奇的心态想看看直播间到底有什么、是销售什么类型的产品。这时就需要通过主播进行引导，让他们对直播间产生兴趣，愿意继续观看。因此主播在开始直播后，要立刻进入状态，跟观众进行自我介绍，并针对"直播间卖的产品是什么""直播间这次的活动有哪些"这两点做一个简单的开场介绍。当然，除了让观众知道你的直播间是卖什么农产品，有哪些优惠活动之外，还需要在直播过程中做引导，让点进直播间的用户能够留存下来。值得注意的是，主播的话语一定要带有一定的亲密感，才能拉近与观众的距离。图 6-1 所示为笔者整理的一些直播开场脚本示例。

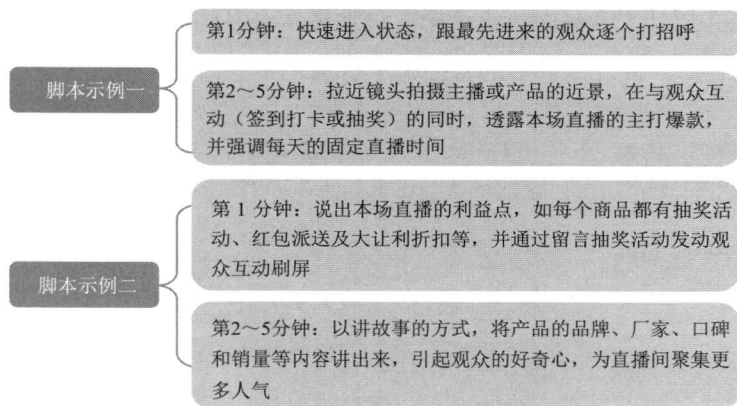

脚本示例一
第1分钟：快速进入状态，跟最先进来的观众逐个打招呼
第2～5分钟：拉近镜头拍摄主播或产品的近景，在与观众互动（签到打卡或抽奖）的同时，透露本场直播的主打爆款，并强调每天的固定直播时间

脚本示例二
第1分钟：说出本场直播的利益点，如每个商品都有抽奖活动、红包派送及大让利折扣等，并通过留言抽奖活动发动观众互动刷屏
第2～5分钟：以讲故事的方式，将产品的品牌、厂家、口碑和销量等内容讲出来，引起观众的好奇心，为直播间聚集更多人气

图 6-1　直播开场脚本示例

>> 专家提醒 >>>>>>.. .>>>> .>>>>>>

　　总之，商家在直播脚本中一定要确定好主题，同时让脚本的所有内容都围绕主题来展开和策划，从而保证整个直播流程都在正确的方向。另外，确定好主题后，也可以使主播的聊天和互动都更加精准，而不是随意地闲聊。

6.1.2　产品介绍环节

　　产品介绍也需要一些技巧，不能仅仅靠夸，一般直播中介绍一件农产品的最佳时间为 5 分钟，如果这 5 分钟不能够吸引用户，他们也就不会购买了。在介绍农产品的时候，最重要的是产品本身，但除了产品本身以外，主播还要注意介绍农产品时的语速、语调及肢体语言，有时候合适的语速、语调也能吸引观众去购买。所以在农产品直播时，应怎样更好地介绍产品呢？

1 内容

在开播的预热阶段，主播可以先简单地介绍一下本场直播的商品清单和优惠情况及活动玩法。在正式的产品介绍阶段，主播要开始挑选一个产品并根据其品类进行详细的介绍，每个产品的介绍时间通常在 3 ～ 10 分钟。主播在介绍上一个产品时，也可以时不时地穿插介绍其他的产品，以及直播间的主打产品和活动力度，吸引更多观众进入直播间。

主播在介绍某个产品时，应该全方位地展示产品的相关信息。图 6-2 所示为笔者整理的一些产品介绍环节的直播脚本示例。

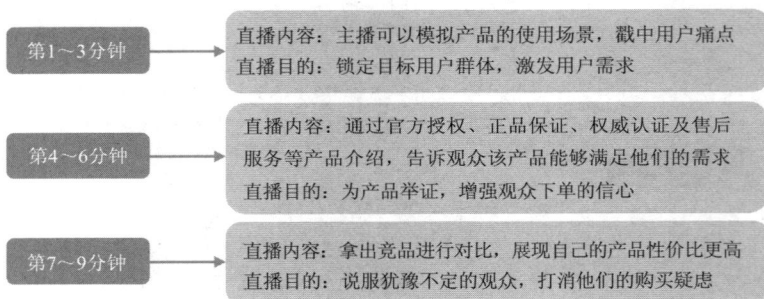

图 6-2　产品介绍环节的直播脚本示例

主播可以使用提问的方式，在介绍产品的功能效果时，同时引导已经购买的观众说出他们的产品使用体验。

2 语速、语调

在产品介绍中，还需要注意控制语速。调整语速的目的是确保用户清楚地了解我们所传达信息的要点，通常情况下可以将语速保持在平均每分钟 130 字左右。

语调即说话的腔调，包括声音的高度、速度、长度和强度的变化。一般来说，重要信息的语气应该是高、慢、重，不太重要的信息的语气应该是低、快、轻，积极情绪高，消极情绪低。

长句末声调长，短句末声调短。同样还要注意停顿，停顿可以分隔不同的内容，让用户有时间思考，并且按其性质可分为语法停顿、逻辑停顿、感情停顿和生理停顿，还需要我们在直播中不断地摸索和探寻。

3 肢体语言

在产品介绍中，不容忽视的还有肢体语言。主播可以通过外表、态度、表情、行为等方式向用户传达指令和意图，从而达到影响和支配用户的目的。

在直播中，如果主播是站立直播，首先要注意站姿，好的站姿也会给用户留下良好的第一印象。正确站立姿势的秘诀：抬头，挺胸，收腹，伸直双腿，张开双腿，使双腿比肩膀略窄。对于女孩，可以使用丁字步或前后错步。

除了站立姿势外，主播还要注意手势的使用。一般主播坐着直播时，手势的使用很重要，不同部位的手势，气场的强弱也有所不同。据统计，当在脖子上方使用手势时，其气场是最强的；在腰部以下使用手势时，气场是最弱的；而在脖子和臀部之间，主播的手势幅度越大，气场越强。因此，主播在直播时，应根据不同的内容基调合理地使用手势，如图6-3所示。

图 6-3　产品介绍环节的手势示例

最后，眼睛是心灵的窗户，眼睛使用得好，也是一个加分项。直播时眼睛不能飘忽不定，眨眼太多。一般来说，主播的眼睛可保持向前直视，这样将会让用户感到诚实、自信和值得信赖。

>> 专家提醒 >>>>>>.. .>>>> .>>>>>>

　　产品介绍应重点关注三个问题：（1）产品的功能是什么？（2）产品能为用户解决什么问题？（3）产品和竞争产品有什么区别？为了增加产品介绍的说服力，首先，我们需要将产品的特点与用户的顾虑相匹配。匹配得越准确，用户就越容易对产品产生好印象。其次，可通过简洁明了的数据来呈现一个农产品的功效，给观众带来最直观的感受。最后，还需要注意逻辑性，这样才能更有说服力。

6.1.3 话题互动环节

互动环节的主要目的在于活跃直播间的气氛，让直播间变得更有趣，避免产生尴场的状况。很多主播在直播前期会出现不知道说什么，不知道怎么说，直播间冷场、没人等问题，这时就需要主播在直播时与观众进行互动，提高活跃度。在策划直播脚本时，主播可以多准备一些与观众进行互动的话题，如图 6-4 所示。

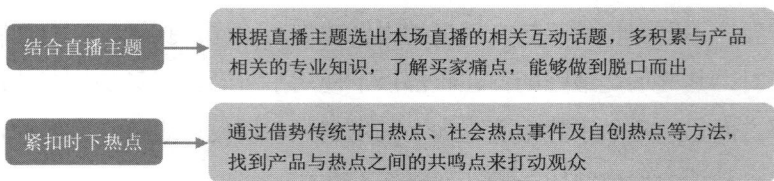

| 结合直播主题 | 根据直播主题选出本场直播的相关互动话题，多积累与产品相关的专业知识，了解买家痛点，能够做到脱口而出 |
| 紧扣时下热点 | 通过借势传统节日热点、社会热点事件及自创热点等方法，找到产品与热点之间的共鸣点来打动观众 |

图 6-4　找互动话题的相关技巧

除了互动话题外，主播还可以策划一些互动活动，如弹幕互动、红包互动及免费抽奖等，不仅能够提升观众参与的积极性，增强直播间的氛围，而且还可以实现裂变引流。

1 弹幕互动

弹幕是以字幕弹出的形式显示的评论，观众无法直接与直播间的主播进行面对面交流就通过弹幕评论，这些评论发送后在直播间的左下角出现，所有进入直播间的观众都可以看到。

直播弹幕目前主要有两类：一类是观众之间的交流，有时候直播间的人数多且观众很活跃，观众之间也会进行交流，这些主播可以不用处理；另一类是观众与主播之间的交流，这类就需要主播关注并及时回答。图 6-5 所示为水果直播间弹幕评论，其中就有观众评论"有礼盒么""秋月梨五斤装是几个"，这些弹幕评论就需要主播及时回答。

2 红包互动

主播可以在直播间定时发放红包，观众领取红包后可以用于购买商品，能够吸引更多人关注直播间并长久停留。直播间的红包可以分为三类，如图 6-6 所示。

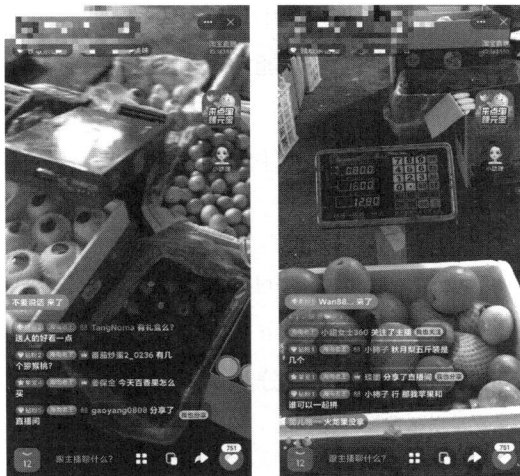

图 6-5　直播弹幕

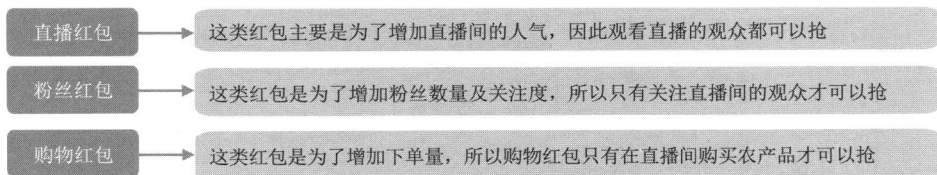

图 6-6　红包分类

下面介绍两种直播红包互动。

（1）在粉丝群发红包

这类比较适合新直播间，或者观看人数较少的直播间，这类直播间前期粉丝量较少，不适合主播在直播时一个接着一个产品介绍的直播模式，因此可以在直播时穿插红包互动，从而带动直播间的人气。

例如，当主播介绍完一个产品后就进入红包环节，这时就需要主播介绍一些红包领取的步骤，主播可以说："现在又进入我们的红包环节了，我们在粉丝群发出大额现金红包，没有进群的赶紧进粉丝群了。"然后主播拿着手机，对着镜头演示怎么进群，注意要提前把入群门槛设置关注才能进群。

（2）通过支付宝支付口令发红包

通过支付宝支付口令发红包的方法适合在线人数较多的直播间使用，人数较多不宜进行组建粉丝群。这类红包可以设置一个时间点，比如直播间人数达到多少数量、每增加几万个赞发一次红包。

直播脚本：直接套用即可出单 10 万＋

123

一方面，发红包互动可以解决主播出现尬聊的情况，当直播间人数较少，没有人互动的情况下，这时发一个红包就能解决直播间氛围不够活跃的问题。另一方面，发红包可以增加直播间的关注量，直播间可以多设置粉丝红包。这样只有观众关注了，才能领红包，可以解决关注增量的问题。

3 免费抽奖

免费抽奖活动可以大幅提升直播间的活跃度，增加粉丝黏性。另外，观众在参与免费抽奖活动的同时，会自动订阅下一场抽奖活动，可以增加观众在直播间的停留时间。农产品直播间抽奖还可以分为以下几个抽奖方式，如图 6-7 所示。

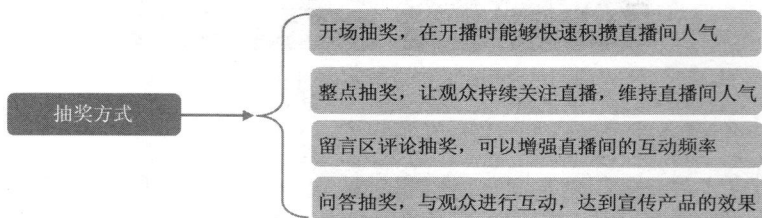

```
                    ┌─ 开场抽奖，在开播时能够快速积攒直播间人气

                    ├─ 整点抽奖，让观众持续关注直播，维持直播间人气
   抽奖方式 ────→
                    ├─ 留言区评论抽奖，可以增强直播间的互动频率

                    └─ 问答抽奖，与观众进行互动，达到宣传产品的效果
```

图 6-7　抽奖方式

（1）开场抽奖

开场抽奖，即在直播刚刚开始时直播间就先来一次抽奖活动。可以在直播间的人数达到一定数量时进行抽奖，也可以在直播间的点赞数达到什么数量时进行抽奖。

开场抽奖可以让已经进入直播间的观众进行转发，从而增加直播间人气。这个直播抽奖的奖品可以放置一些品牌、购买频率高的产品，这样才会带动更多的观众参与抽奖。

（2）整点抽奖

整点抽奖，即到了某个整点时就进行抽奖。整点抽奖可以让观众持续地关注直播间，减少出现观众中途离场的现象，确保直播间的人数不会太低。

整点抽奖的奖品相对于开场的产品来说，可以选择价格不是特别高的产品，每个整点抽奖的奖品应各有不同。

（3）留言区评论抽奖

留言区评论抽奖是通过让观众在评论区评论，主播截图的方式抽奖，例如主播可以让观众在评论区"刷1"，然后倒计时 10 秒截图，截图中所显示的观众即可获奖。

（4）问答抽奖

问答抽奖是指通过主播向观众提一些问题，观众回答问题的方式来抽奖，最先在留言区评论正确答案的观众即可获奖。通过这种方式，既可以增强主播与粉丝之间的互动，也可以进一步地宣传产品。

6.1.4　秒杀活动环节

主播可以多准备一些用于秒杀环节的直播商品，在直播过程中可以不定时推出秒拼、甩卖或拍卖商品。例如，在一个时间点设置一个比平常价格低的商品让观众去拍，给用户带来紧迫感，刺激观众及时下单，从而可以有效提升产品的转化率，如图6-8所示。

图 6-8　直播间秒杀提示

秒杀可以分为两种，如图6-9所示。

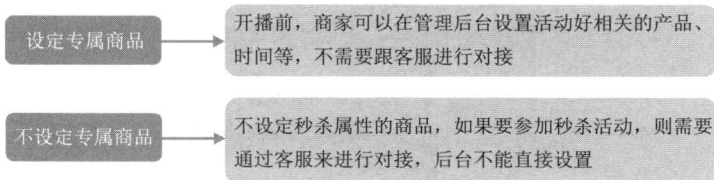

图 6-9　秒杀活动分类

如果设定直播间专属秒杀商品，以淘宝直播间限时秒杀为例，农产品的商店先要点击左上角，登录淘宝账号，然后单击右上角的"千牛卖家中心"超链接，进入管理后台，如图6-10所示。

选择"宝贝管理"选项下面的"发布宝贝"选项，进行日常的宝贝发布操作，如图6-11所示。

图 6-10　单击"千牛卖家中心"超链接

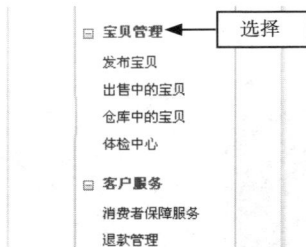

图 6-11　选择"发布宝贝"选项

值得注意的是，在"营销设置"下面的"秒杀商品"选项区中，必须把电脑用户和手机用户都选中，如图 6-12 所示。

图 6-12　设置"秒杀商品"选项

接下来设置秒杀时间，在"开始时间"选项区中选中"设定"单选按钮，❶并设置具体的时间；❷在"库存计数"选项区中选中"拍下减库存"单选按钮，选完以后建议检查一遍，没有问题选择"提交"即可，如图 6-13 所示。

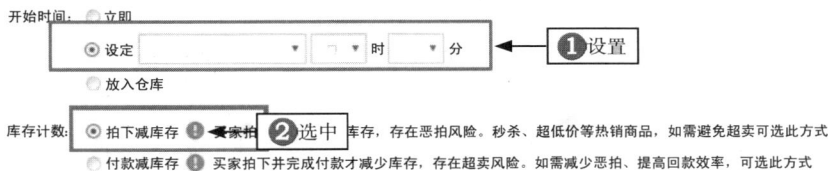

图 6-13　设置秒杀时间

将商品挂到直播间后，商品会在设定好的时间点自动上架。但是，在秒杀时间还没有到的时候，主播一定要提醒观众什么时候开始秒杀，以及怎样去秒杀，还可以通过手机演示一遍给观众看，拍完后商品就会自动下架，之后客服就去对接秒杀成功的观众。

如果没有设定专属商品的秒杀活动，而是由客服负责承接，首先商品还是照常上架，然后在直播期间设置一个 5 ～ 10 分钟的时间段进行下单，这个时间段下单购买的观众，可通过直播间主播的暗号，与客服对接，确认一下是否是直播间观看并下单的观众。

>> 专家提醒 >>>>>>.. .>>>> .>>>>>>

　　一定要事先与客服人员做好对接，确保秒杀环节不会出错。另外，主播在直播时也一定要说清楚规则，如何操作，以防观众因为不清楚规则而流失。

6.1.5　优惠促单环节

优惠促单环节最重要的是给观众一种农产品稀缺的氛围，激发他们抢购的欲望，同时商家要强调为什么在我的直播间购买，以及为什么需要现在购买，给人一种强烈的紧迫感、极限感、危机感。商家在发布直播间的预告时，可以将大力度的优惠活动作为宣传噱头，吸引观众准时进入直播间。在直播的优惠环节中，主播可以推出一些限时限量的优惠商品，或者直播专属的特价等，吸引观众快速下单。

在优惠环节，主播需要做好以下两件事。

（1）展现价格优势。通过前期一系列的互动和秒杀活动吊足观众的胃口后，此时主播可以宣布直播间的超大力度优惠价格，通过特价、赠品、礼包、折扣及其他增值服务等，让观众产生"有优惠，赶紧买"的消费心理，引导观众下单。

例如，在直播间强调这个农产品旗舰店的价格是 59 元一件，现在两件只要 69 元！还送赠品，非常划算！

（2）体现促销力度。主播可以在优惠价格的基础上，再次强调直播间的促销力度，如前 ×× 名下单粉丝额外赠送 ×× 礼品、随机免单及满减折扣等，并不断对比商品的原价与优惠价格，同时反复强调直播活动的期限、倒计时时间和名额有限等字眼，营造出产品十分畅销的紧迫感氛围，让观众产生"机不可失，时不再来"的消费心理，促使犹豫的观众快速下单。

例如，农产品商家可以在直播间创建店铺关注券，进入直播间的观众在小红盒商品列表中点击"关注并领取"按钮，在领取优惠券的同时自动关注店铺，如图 6-14 所示。观众领取优惠券后，在购买直播间内的商品时即可获得相应的无门槛券，如图 6-15 所示。

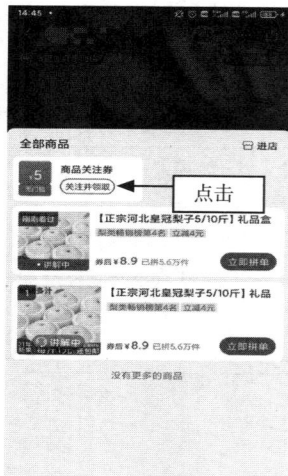

图 6-14　点击"关注并领取"按钮

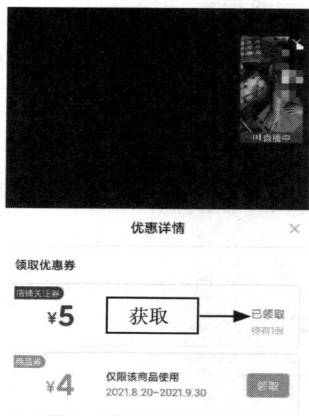

图 6-15　获得相应的无门槛券

还有一点值得注意的是，所有的福利及活动要事先说明原因，如有的优惠是因为直播一周年宠粉福利、有的优惠是产品上新特惠等，不要让观众觉得这个商品什么时候下单都有优惠活动。

6.1.6　制定直播脚本

前面介绍直播脚本的基本流程和元素，商家可以按照这些元素来制定自己店铺的直播脚本，同时尽量保持每周更新的频率，多总结和优化脚本，让下一次直播获得更好的带货效果。表 6-2 所示为一个单场直播的脚本范本。

表 6-2 单场直播的脚本范本

直播日期	2021 年 8 月 16 日 星期一
直播时间	20:00 ～ 21:30
直播时长	1.5 小时
直播主题	××产品直播专场，爆款秒杀
直播样品	准备好直播时需展示的样品，款式尽量齐全，满足不同需求的用户
预估目标	达到 10% 的引导转化率
直播活动	抽奖、赠品及秒拼等
直播预告	抛出直播价值：晚上 8 点直播，进场前 × 分抢福利，只有 × 个名额，主播在直播间等你们了
预热开场	点明直播主题：欢迎来到××直播间，请大家点下关注，谢谢捧场，主播将会每天 × 点在直播间为您分享××（根据主播或直播间的定位，为粉丝分享实用的技能等）
时间点	直播节奏
1 ～ 10 分钟	给出粉丝福利，吸引他们及时进入直播间，同时引导粉丝评论或刷屏互动，了解他们的问题和需求。 （1）前 3 分钟："大家快来抢福利，只有 100 份，卖完就没有了！" （2）第 4 分钟："×× 爆款秒杀优惠，想买的朋友们赶紧下单呀！" （3）第 5 分钟：第 1 轮直播抽奖活动。 （4）第 6 分钟："继续抢福利，抢到就是赚到，秒杀单品数量有限！" （5）第 7 分钟：第 2 轮直播抽奖活动。 （6）最后 3 分钟：继续催单，并开始做下场直播预热。 抢福利技巧示例："实体店铺 200 元，官方旗舰店日常销售价 166 元，现在直播间只卖 99 元，错过这次福利，下次还要再等几个月。" 抽奖技巧示例："话不多说，先来一波抽奖，麻烦大家添加 × 号产品到购物车，快速刷起来。"
10 ～ 20 分钟	当直播间涨到一定流量后，主播可以使用高性价比的引流产品吸引新用户，引导观众关注直播间，提升直播间的搜索权重。 引导加购技巧示例："×× 产品性价比超高啦！名额只有 ×× 名，超出不补。亲，喜欢的话赶快抢购哦！"
20 ～ 70 分钟	（1）促单：主播和助播一起与观众互动，稳定直播间人气，不断推出爆款和秒杀款，同时穿插主推款，对产品进行详细的介绍，争取做到利润的最大化。 （2）场控：在直播过程中，数据分析和场控人员可根据直播间的观看人数和产品的 UV（Unique Visitor，独立访客）转化率等数据，引导主播调整主推款。 互动技巧示例："×× 产品，你们想看大的还是小的？" 爆款技巧示例："×× 产品有 10 元无门槛优惠券哦，直播间下单不仅可以直接使用，还可以和官方活动价叠加哦。喜欢就直接领取，一个账号限领一张。" 秒杀款技巧示例："×× 产品 × 点可以秒杀。大家刷刷评论，让主播看到你们的热情，你们的热情越高，主播给的秒杀价格就越低哦！" 主推款技巧示例："最后 3 分钟，想要的朋友抓紧时间哦，只有最后 50 个名额了，时间到了立马恢复原价。"
70 ～ 80 分钟	随着直播间人气的逐步下滑，主播可以通过抢现金红包活动来提升直播间的活跃度，同时将本场直播呼声较高的产品进行返场演绎，再次助推一下。
80 ～ 90 分钟	在本场直播的结尾部分，感谢观众，并预热下场直播的时间、福利和新款产品。 感谢话语示例："感谢大家的关注和陪伴，主播马上就要下播了，希望大家好好休息，明天晚上同一时间我们再聚呀。"

商家可以用 Excel 表格制作直播脚本，把直播间的产品卖点、功能介绍、直播技巧、互动玩法、利益点及注意事项等全部写进去，对整场直播进行一个规划和安排，从而让主播能够把控好直播的节奏。在各大平台上，同款产品非常多，但带货的主播却各不相同，主播要做的就是熟悉自己的产品和用户，并按照直播脚本定期进行直播活动，让更多观众成为你的粉丝。

6.2 打造高质量直播间的带货脚本

很多新主播通常一拿到产品，就马上放到直播间去卖，这样主播很难给观众留下专业的形象，产品的质量也难以保证，从而导致产品的销量寥寥无几。因此，主播必须在直播开始前规划好直播脚本，让直播间的运行更加顺畅，同时也让主播看起来更专业，让店铺增加产品销量。但是许多人在准备编写带货脚本时，他们通常不知道如何开始或掌握要点。针对这些问题，本节将提供一些直播脚本方案的注意事项，帮助商家打造高质量的农产品带货直播间。

6.2.1 引出吸引观众注意力的话题

相较于传统的电视直播带货，互联网直播能让观众与主播进行互动，更有参与感，因此主播在直播时就不能仅仅是介绍产品，还需要能够引出吸引观众的话题。这就要求主播不仅要靠嘴皮子，还需要多动脑，提前准备好一些能够吸引观众注意力的话题。下面介绍一些直播间常用的话题类型，如图 6-16 所示。

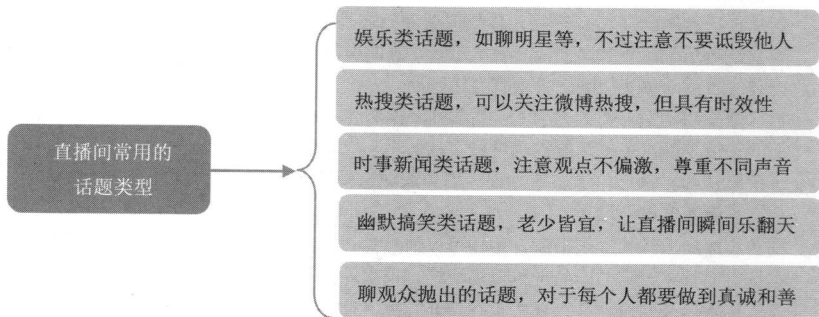

图 6-16　直播间常用的话题类型

6.2.2　提出符合消费者需求的痛点

虽然农产品电商直播的主要目的是卖货，但这种单一的内容形式难免会让观众觉得无聊。因此，主播可以在直播脚本中根据用户痛点，给观众带来一些有趣、有价值的内容，提升用户的兴趣和黏性。

直播时，不能只是一味地介绍产品的特色卖点，而是要解决买家的后顾之忧，也就是消费者的痛点，这样消费者才能在直播间停留下来并购买产品。在很多情况下，并不是商家提炼的卖点不够好，而是商家认为的卖点并不是消费者选择的理由，并不能满足消费者的需求，对消费者没有吸引力，他们就不会消费。当然，前提是商家要做好直播间的用户定位，明确用户是追求特价，还是追求品质，或者是追求实用技能，以此来指导直播脚本的优化设计。

例如，买家在考虑购买农产品时，最主要考虑的是农产品的质量问题，因此在农产品的直播间评论区观众就会提出关于商品的各种问题，如在猕猴桃的直播间的评论区就会有"坏了怎么办？""自然熟的吗？""绿心的吗？"等问题，如图 6-17 所示。其实，这些问题就是用户痛点，主播可以在直播脚本中将这些痛点列出来，并策划相关的内容，通过直播解决用户提出的问题。

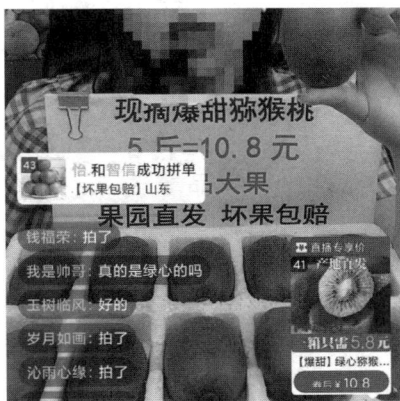

图 6-17　直播间评论区问题

6.2.3　建立信任，让买家对你信服

观众通过屏幕前主播的表达及对农产品的展示，从而引导观众下单，所以在某种程度上来说，直播带货就是一场信任营销。在农产品电商直播中，买家的交易行为很

多时候是基于信任主播而产生的，买家信任并认可主播，才有可能去关注和购买产品。

例如，一些商品在直播间快速被"秒光"，最重要的还是因为观众对主播的信任。但是信任的建立不是一蹴而就的，一两天的工作是无法让观众完全信任你，这需要一个长期的培养过程。

一些研究发现，当观众在直播间购买的产品出现质量问题时，他们对该直播间的信任度就会降低，如果在直播间购买的产品多次出现质量问题，那么观众就不会选择该直播间。所以，要想获得观众的持久信任，农产品的直播带货一定要注重与消费者建立稳定的信任关系。

因此，主播可以在直播间将农产品的种植、采摘、产地及品牌形象等内容展现出来，并展现品牌的正品和保障，为产品带来更好的口碑影响力，赢得广大用户的信任。例如，在下面这个香梨的直播间中，可以看到主播通过在现场采摘，展现产品的新鲜及品质好等特点，让观众看到产品的质量。同时，主播还在上面写了一行字，告诉直播间的消费者："店铺的香梨都是新鲜采摘发货、口感微甜，可放冰箱冷藏 2 ～ 3 天，如果存在坏果，请联系客服。"让观众对产品更加放心，增加他们下单的信心，如图 6-18 所示。

图 6-18　通过直播间文字内容增强信任度

6.2.4　结合产品卖点与用户痛点

在直播之前，商家必须知道用户的需求点，即用户痛点。当主播在制作直播脚本时，可以结合市场及以往的直播数据情况进行分析，深入分析产品的功能并提炼出相关卖点，然后亲自去使用和体验产品，并将产品卖点与用户痛点相结合，通过直播来展现产品的真实应用场景。寻找产品卖点的四个常用渠道如图6-19所示。

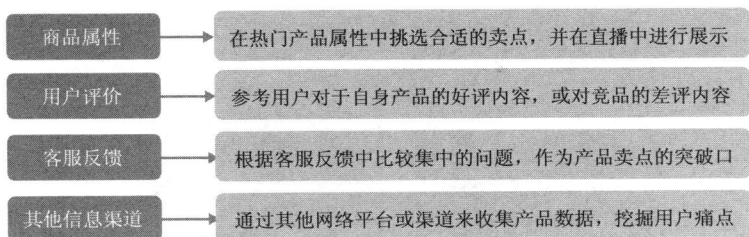

商品属性	→	在热门产品属性中挑选合适的卖点，并在直播中进行展示
用户评价	→	参考用户对于自身产品的好评内容，或对竞品的差评内容
客服反馈	→	根据客服反馈中比较集中的问题，作为产品卖点的突破口
其他信息渠道	→	通过其他网络平台或渠道来收集产品数据，挖掘用户痛点

图 6-19　寻找产品卖点的四个常用渠道

总之，主播只有深入了解自己所带货的产品，知道农产品具备什么的功效，哪些功效对观众有利，且对产品的生产流程、材质类型和功能用途等信息了如指掌，才能提炼出产品的真正卖点。

在做直播脚本时，主播可以根据用户痛点需求的关注程度来排列产品卖点的优先级，全方位地介绍产品信息，吸引观众加购或下单。

例如，农产品的用户痛点在于产品的新鲜程度、质量的好坏、产品的大小等，此外，还有关于网上购买商品时，买家最关心的售后保障、发货情况等问题。因此，主播可以根据"新鲜程度＋质量问题＋产品大小＋售后保障＋发货情况"等组合来制作直播脚本的内容，然后在直播间将这些内容演绎出来，如图6-20所示。

图 6-20　直播内容要紧扣用户痛点

　　在直播间中，观众可以点击直播界面，隐藏直播间的各种按钮和控件元素，让直播画面更加干净，在看产品介绍时能获得更好的体验。如图 6-21 所示，观众在观看直播间时，点击界面任意空白地方，即可隐藏商家店铺名称、弹幕评论等，让观众清晰地看到商品。

图 6-21　隐藏直播间其他信息

　　主播要想让自己的直播间吸引用户的目光，就要知道用户想要的是什么，只有抓住用户的消费心理来提炼卖点。当然，抓住痛点不仅是一个人的痛点，而是要找大多数人的痛点，这样才能让直播间更加吸引用户并促进他们下单。

6.2.5　说出自己的使用体验和感受

　　用户在观看直播时，如果主播单纯地对农产品进行讲解，有时候并不能激起用户的购买欲望，但当主播在直播中切实体验并说出自己的使用体验和感受时，更能激发用户的购买欲望。

　　而且主播对产品要有亲身体验，并告诉观众自己的使用感受，同时还可以列出真实用户的买家秀图片、评论截图或短视频等内容，这些都可以写进直播脚本中，有助于杜绝虚假宣传的情况。

　　例如在下面的直播间中，主播通过品尝他们售卖的青苹果，说出该果"酸甜脆爽、水分足、新鲜"的体验，吸引消费者去购买，如图 6-22 所示。

图 6-22　主播说出自己的使用体验和感受

6.2.6　推荐农产品的基本流程

作为主播，首先对自己推销的农产品一定要全面了解。如果销售农产品，主播可以先自己提前试吃一下，确实是好吃的、质量上佳的再向消费者推荐。除此之外，主播还需要熟悉直播间规则、直播产品及店铺活动等知识，这样才能更好地将产品的功能、细节和卖点展示出来，以及解答观众提出的各种问题，从而引导观众在直播间下单。

图 6-23 所示为直播间推荐产品的基本流程，能够让主播尽量将有效信息传递给用户。

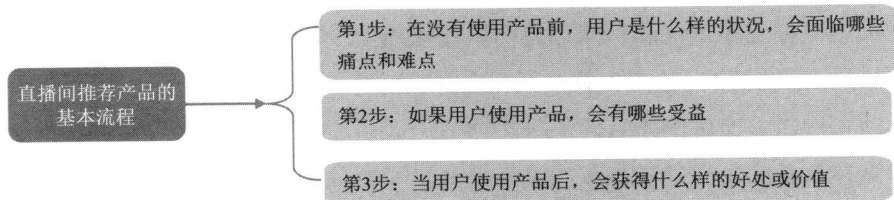

直播间推荐产品的基本流程

第1步：在没有使用产品前，用户是什么样的状况，会面临哪些痛点和难点

第2步：如果用户使用产品，会有哪些受益

第3步：当用户使用产品后，会获得什么样的好处或价值

图 6-23　直播间推荐产品的基本流程

值得注意的是，当主播推荐产品时，说话最好要有感染力，要保持充满激情

的状态，制造出一种产品热卖的氛围，利用互动和福利引导真实的买家进行下单。推销产品时一定要自然，不能经常性地在直播中插入硬广告，这样会引起一部分用户的反感，从而流失顾客，可以在聊天话题中引入自己想要宣传的产品，增加用户的好感度。

6.2.7　组合销售提升消费者客单价

有时候店铺中会出现有的农产品销量高，有的农产品销量过低，甚至没有销售量的情况。这时主播可以在直播脚本中充分挖掘潜在消费者的其他需求，同时可以利用平台组合销售的方式，在直播时采用大额满减、拼单返现、多件优惠或产品组合等方式，将销量高的农产品与销量低的农产品组合销售，从而带动店铺的其他产品销量。

以多件优惠活动为例，商家可以进入拼多多商家后台，在左侧导航栏中选择"店铺营销→营销工具"选项，进入相应界面，在右侧窗口中选择"多件优惠"工具即可进入其界面，单击"创建"按钮，如图 6-24 所示。

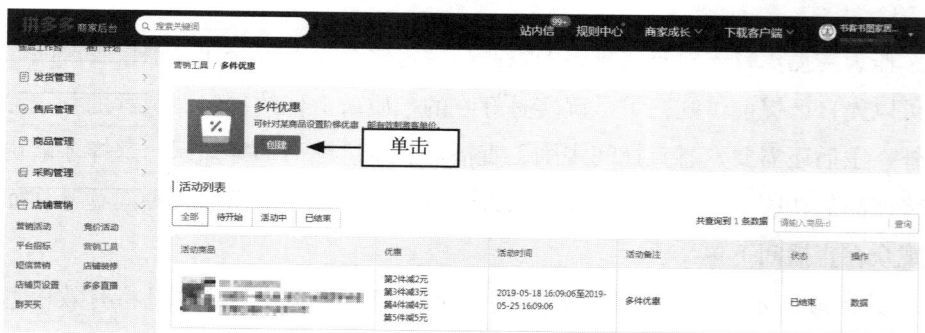

图 6-24　单击"创建"按钮

进入"创建多件优惠"操作界面，商家需要设置相应的优惠活动信息，包括活动时间、活动商品、优惠设置和活动备注，如图 6-25 所示。设置完成后，单击"创建活动"按钮，即可创建多件优惠活动。

需要注意的是，多件优惠活动针对的是一个订单，而不是多个订单。也就是说，买家如果分别多次对同一个商品下单，是无法享受多件优惠活动的。多件优惠活动的优惠类型可以分为两种不同的形式，分别为减钱和打折。

| 填写优惠活动信息

图 6-25　"创建多件优惠"操作界面

（1）减钱：在商品页中展示"第2件减 × 元"标签。

（2）打折：在商品页中展示"第2件打 × 折"标签。

另外，根据爆款产品的推广节奏，商家可以在多件优惠的阶梯设置中设置不同的阶段优惠力度。阶梯设置最多只能设置4个阶段，即多件优惠最多只支持5件商品。如果买家购买了6件商品，那么第6件商品是没有优惠的，必须全款购买。

6.2.8　设定适当的直播时间、时长

农产品直播间要想设定适合的直播时间以及时长，商家可以根据其消费人群制定合适的时间。一般来说，从早上 7:00 开始到晚上 12:00 结束，这段时间都可以进行直播。在这段时间中有 3 个曝光点，也就是观看直播人数最多的时间点，分别是上午 10:00、下午 2:00 及晚上 10:00，如图 6-26 所示。

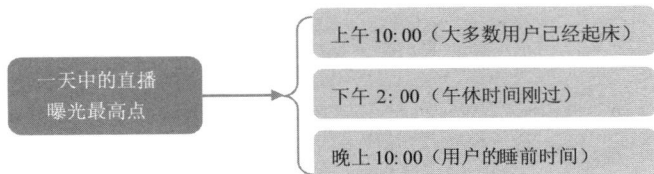

图 6-26　一天中的直播曝光最高点

大多数农产品商家的消费群体是上班人群，所以一天中直播的黄金时间是晚上 8:00 ～ 12:00，这段时间是他们已经下班后到睡觉前的时间，有比较充足的时间用来娱乐或者看直播。

如果你是新手主播或者单个产品的主播，那么最好选择轮流的直播时间为：夜场—晨场—午场—晚场。如果商家的货源充足，且门店的销售量较大、运营优秀，则可以选择中午场—下午场—晚场的黄金时间轮播，如中午11:00～下午1:00，下午3:00～5:00，晚上8:00～晚上11:00。

开始直播时将时间定为4～6小时最为合适。播出前，可以先测试一下自己的产品在哪个时间段播出有较大的流量，然后不断地磨合，形成自己的直播标签。

第**7**章

直播内容：
提升农产品直播
间的转化率

好的内容是直播带货的关键。虽然各大平台及商
家都关注到了直播内容的重要性，但是优质的直播内
容仍然相对较少。大多数的直播带货都是采用主播推
荐的带货方式，这种方式迟早会让观众感到疲乏。

7.1 将农产品通过直播实时展现给观众

直播的好处是带给观众的不仅是图片或者已拍摄好的视频，直播是将农产品的情况实时地展现给观众，这样能让观众更加真实地了解到农产品的实际情况，从而刺激观众的下单欲望。

7.1.1 演绎农产品的使用或食用场景

推荐化妆品时，主播可以直接在直播间化妆来展示化妆品的质量；推荐衣服时，主播可以在直播间穿上要推荐的衣服；而农产品可以在直播间现场演绎使用或者食用场景。相对于化妆品和衣服，农产品的使用场景更能诱惑观众，激发观众下单的欲望。

说得再多也不如现场给观众看，毕竟耳听为虚，眼见为实。将农产品的使用情况实时直播给观众，一方面可以将产品的实际情况真实地展现出来，让观众信服；另一方面通过演绎其使用场景，也可以刺激观众的购买欲望。

图 7-1 所示为销售茶叶的直播间，通过泡茶的一系列过程，可以展现茶叶的真实情况，同时还可以吸引观众的注意力，因此主播可通过展示泡茶的过程来吸引观众进行下单。

图 7-1　销售茶叶直播间

图 7-2 所示为推荐辣白菜的直播间，主播将做好的辣白菜直接在直播间内品尝，吸引观众，甚至在直播间的弹幕中有观众评论说"口水都流出来了"，可见主播已经成功地吸引到观众。图 7-3 所示为推销粽子和一些其他农产品的直播间，主播将直播的产品做成一道道菜，直接在直播间内品尝，生活化的场景让观众觉得更舒服，同时看着色香味俱全的菜，观众也会忍不住下单。

图 7-2　销售辣白菜的直播间

图 7-3　销售粽子的直播间

7.1.2　用农产品烹饪美食

美食的诱惑很难抵挡住，在直播间烹饪美食时，哪怕主播全程不说话，只是单纯地烹饪美食，也会让观众有一种想要品尝的冲动，从而抵挡不住诱惑马上下单。如图 7-4 所示，下面两个直播间都采用烹饪美食的方式来推荐农产品。在烹饪的时候，主播不需要多说什么，观众看到烹饪出来的美食就会产生购买的欲望。

图 7-4　用农产品烹饪美食

7.1.3　将农产品置入情景剧

现在直播间大多都是主播为观众讲解农产品，或者直接向观众展示产品，模式单一，不能很好地吸引到观众，因此可以将农产品放入情景剧中，让观众在看剧的同时了解到产品的具体情况，既吸引了观众的注意力，又传递了农产品的信息。图 7-5 所示为其具体的几点好处。

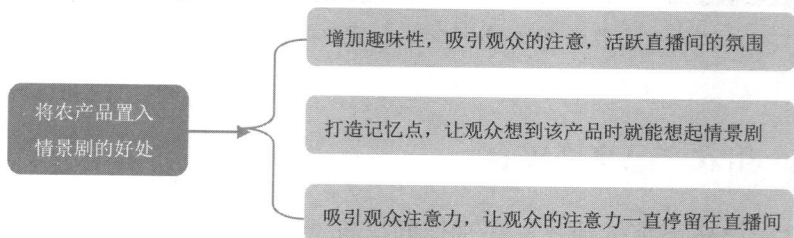

图 7-5　将农产品置入情景剧的好处

7.1.4　讲述养生知识或农业知识

随着物质经济的不断提高，温饱问题解决了，人们就开始关注吃的是否健康、是否营养。农产品大多是食材，可以进入厨房进行烹饪，而且有很多农产品不仅可以用作食材进行烹饪，解决温饱，还有一定的药用价值，因此人们在挑选农产品时会关注它的营养价值、养生功能等。

1 药用价值

现在亚健康人群越来越多，大家也越来越关注食材的药用价值。因此，在直播间内主播还可以给观众介绍产品的药用价值，刺激观众下单。

图 7-6 所示为销售番茄的直播间，番茄可生吃，也可以做菜炒着吃，其有一定的药用价值，主播在推荐番茄时可以根据直播间的观众类型强调其药用价值。

图 7-7 所示为销售大蒜的直播间。大蒜既可以在烹饪美食时作为调味品用于调味，还具有杀虫功效，同时还有一定的医疗养生价值。因此，在直播间内，主播可以提前准备好，然后在直播间内将大蒜的药用价值及一些养生知识讲述给观众，一方面为观众普及一些小知识，另一方面也体现出主播的专业素养较强。

图 7-6 销售番茄的直播间　　　图 7-7 销售大蒜的直播间

2 养生知识

很多农产品都具有养生的功能，从中医学传统理论上来看，不同的季节养生的方式不同，因此主播在推荐某个产品时还可以适当地延伸，介绍一下农产品的养生搭配或者是当季的一些养生小知识。

图 7-8 所示为销售鹿茸的直播间，主播在推荐鹿茸时，可以向观众讲解关于鹿茸的养生知识，还可以向观众介绍鹿茸的食用禁忌，如有哪些人群不能吃，不能与什么一起混着吃等。

图 7-9 所示为混搭农产品直播间，直播间内有多种农产品，其中有枸杞和西洋参，两者都有一定的养生价值，但是两者加在一起泡水喝也可以养生。所以，主播在推荐产品时可以把两样农产品合在一起推荐，并向观众介绍农产品的其他养生搭配，顺便为观众讲解一些养生小知识。

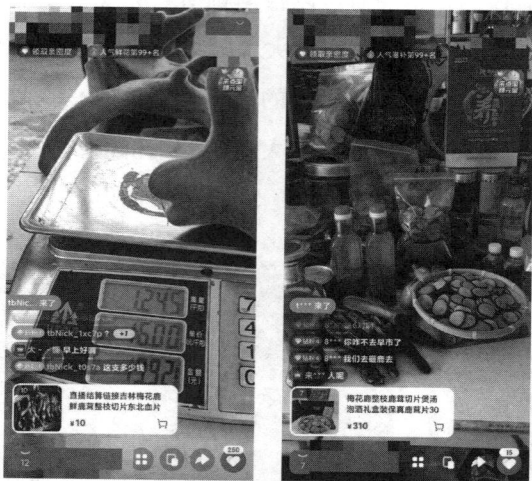

图 7-8 销售鹿茸的直播间

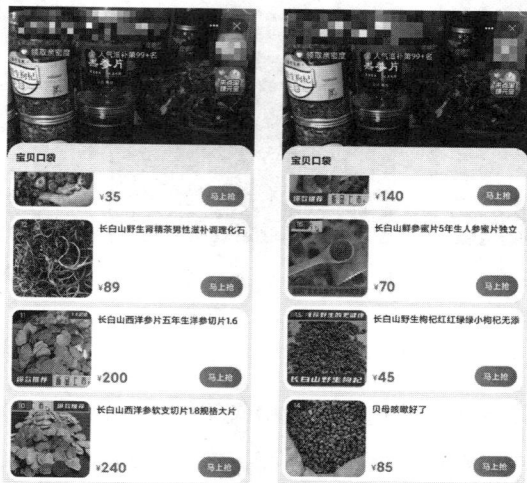

图 7-9 混搭农产品的直播间

我国有几千年的农业历史，其中蕴含着丰富的农业知识。因此，在直播的时候，主播除了介绍养生知识以外，还可以适当地介绍一些与农产品有关的其他知识，让观众在消费的同时也获得有用的知识。同时，主播在直播间讲述农业知识，也会让观众觉得这个主播值得信赖。

7.1.5 发放红包或者优惠券

优惠券是商家最常用的营销和互动工具，不仅可以提升用户观看直播和发表评论的积极性，而且还能够快速提升直播间的转化率和销售额，是商家打造爆款的"不二法宝"。

1 直播专享券：迅速提升单品的销量

直播专享券只针对单个商品优惠，而且只能在直播间领取，最多授权 10 个直播间，观众可以无条件领券，能够刺激观众及时在直播间下单。直播专享券非常适合为单品进行引流，能够迅速提升单品的销量。

下面以拼多多直播间为例，介绍创建直播专享券的具体操作方法。

（1）打开拼多多商家版 App，进入"店铺"界面，在"常用应用"选项区中点击"优惠券"按钮，如图 7-10 所示。

（2）进入"优惠券管理"界面，点击"添加"按钮，如图 7-11 所示。

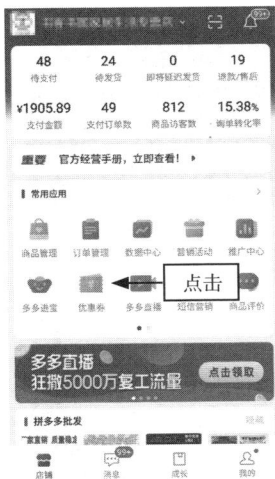

图 7-10 点击"优惠券"按钮

图 7-11 点击"添加"按钮

（3）进入"优惠券类型"界面，选中"直播券"单选按钮，如图7-12所示。

（4）进入"添加优惠券"界面，选中"直播专享券"单选按钮，如图7-13所示。

（5）❶选择相应的直播商品；❷并设置"券的面额""发行张数""每人限领""有效时长""开始时间"和"结束时间"等选项；❸点击"确认添加"按钮，如图7-14所示。

图7-12　选中"直播券"单选按钮　　图7-13　选中"直播专享券"单选按钮

（6）弹出信息提示框，点击"允许"按钮，如图7-15所示。

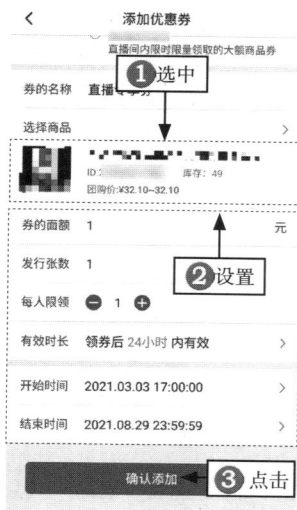

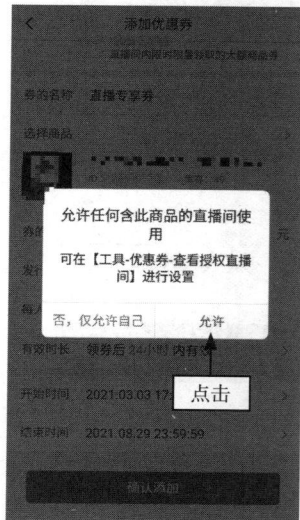

图7-14　点击"确认添加"按钮　　　　图7-15　点击"允许"按钮

（7）即可成功创建直播专项券，点击"我知道了"按钮，如图7-16所示。

（8）返回"优惠券管理"界面，点击"增加张数"按钮，如图7-17所示。

（9）弹出"增加张数"菜单，在"新增发行量"文本框中输入要添加的优惠券张数，如图7-18所示。

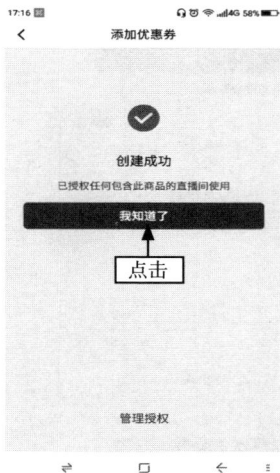

图 7-16　点击"我知道了"按钮　　　　图 7-17　点击"增加张数"按钮

（10）点击"确认增加"按钮，即可修改优惠券的剩余数量，如图7-19所示。

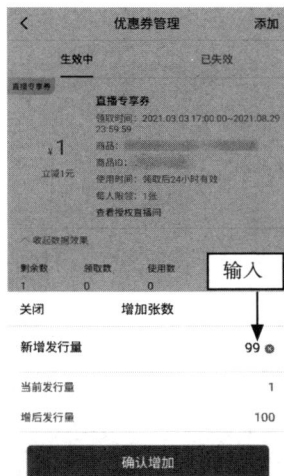

图 7-18　输入要添加的优惠券张数　　　　图 7-19　修改优惠券的剩余数量

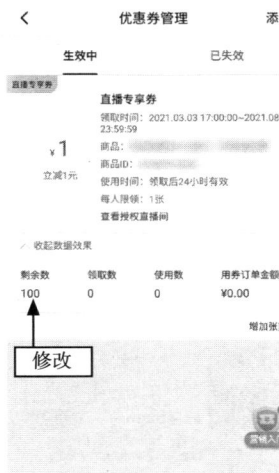

商家创建直播专享券后，无须手动发放，系统会根据商家设置好的发放时间，自动展现到直播间的红盒子商品中。另外，商家也可以在直播间的红盒子中创建直播专享券，在"全部商品"列表中选择相应商品，点击"配置专享券"按钮，设置相应的优惠券选项并确认即可，如图 7-20 所示。

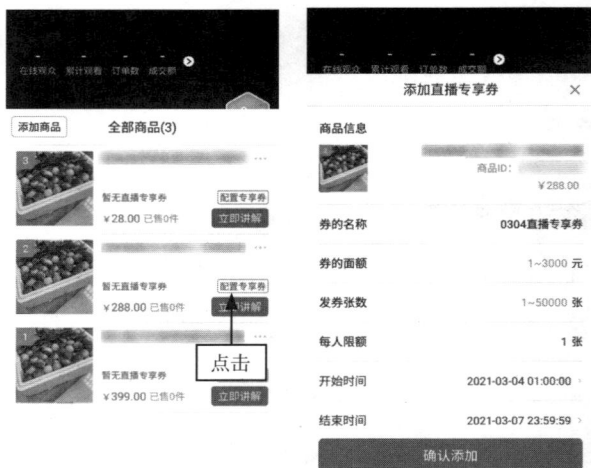

图 7-20 通过直播间红盒子配置专享券

观众进入直播间后，在红盒子中看到相应的商品上会显示"直播专享 ×× 元券"，点击"领券拼单"按钮，如图 7-21 所示。进入商品详情页，在弹出的对话框中点击"一键抢券"按钮，即可获取直播专享券，如图 7-22 所示。

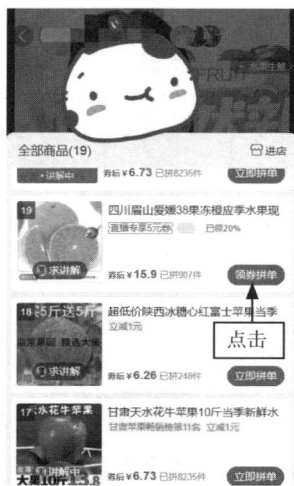

图 7-21 点击"领券拼单"按钮

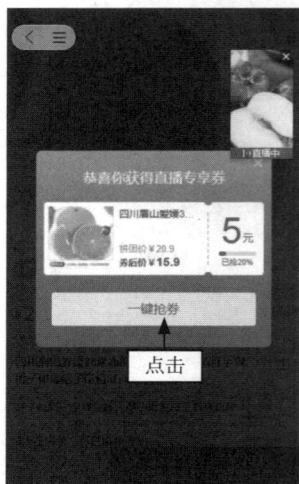

图 7-22 点击"一键抢券"按钮

2 直播粉丝券：吸引粉丝关注及停留

直播粉丝券的面额通常都比较高，因此能够快速吸引粉丝关注店铺，并长久停留在直播间，提升店铺及直播间的人气。

下面以拼多多的直播间为例，介绍创建直播粉丝券的具体操作方法。

（1）在拼多多商家版 App 中，进入"添加优惠券"界面（方法可参考上一小节），选中"直播粉丝券"单选按钮，如图 7-23 所示。

>> 专家提醒 >>>>>>.. .>>>> .>>>>>>

直播粉丝券的主要特点如下：

（1）优惠券适用范围：只能针对单个商品优惠。

（2）领券渠道：只能在直播间领取。

（3）发放渠道：只能授权给一个直播间。

（4）优惠券面额：不低于 5 折，不高于 500 元。

（5）发放方式：商家需要主动在直播间发放优惠券，并且可以设置领取时效。

（6）领券条件：观众需要关注店铺并且分享直播间后，才能够领券。

（7）优惠券有效期：商家可以自主设置直播粉丝券的有效期。

（2）❶设置相应的优惠券选项，包括券的名称、选择商品、券的面额、发行张数及开始时间和结束时间等；❷点击"确认添加"按钮，如图 7-24 所示。

（3）即可成功创建直播粉丝券，如图 7-25 所示。

（4）返回"优惠券管理"界面，即可查看创建的直播粉丝券，如图 7-26 所示。

（5）当商家开播后，在直播间的"营销工具"菜单中点击"粉丝券"按钮，进入"选择活动商品"界面，❶选中相应的直播商品；❷点击"确认选择"按钮，如图 7-27 所示。

图 7-23　选中"直播粉丝券"单选按钮

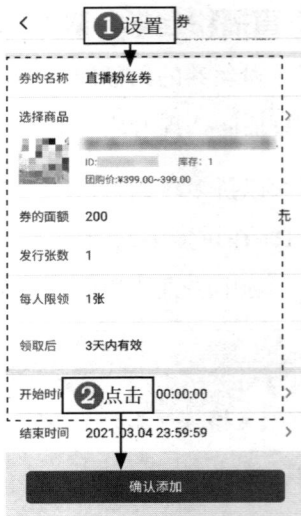

图 7-24　点击"确认添加"按钮

图 7-25　创建直播粉丝券

图 7-26　查看创建的直播粉丝券

（6）进入"添加粉丝券"界面，❶设置"券的面额"和"发券张数"选项；❷点击"确认发放"按钮，如图 7-28 所示。

（7）进入"粉丝券"界面，❶设置开抢时间；❷点击"确认发放"按钮，如图 7-29 所示。

图 7-27 点击"确认选择"按钮

图 7-28 点击"确认发放"按钮

（8）弹出信息提示框，再次点击"确认发放"按钮，如图 7-30 所示。

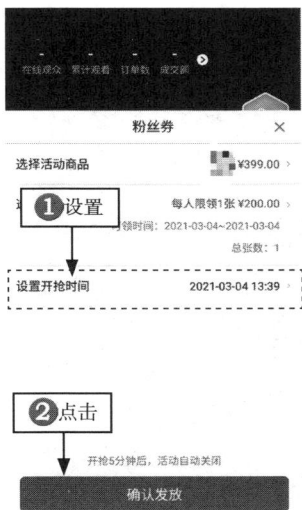

图 7-29 点击"确认发放"按钮

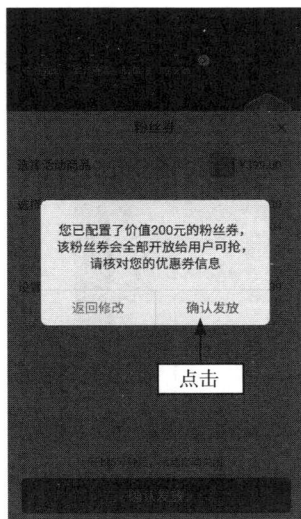

图 7-30 再次点击"确认发放"按钮

（9）返回直播界面，在右侧即可看到"粉丝券"按钮，并显示倒计时开抢的时间，点击"粉丝券"按钮，可以查看直播粉丝券详情，如图 7-31 所示。观众进入直播间后，点击"粉丝券"按钮，在弹出的对话框中点击"分享到微信后立即报名"按钮，如图 7-32 所示。

开抢5分钟后，活动自动关闭

图 7-31　查看直播粉丝券详情　　图 7-32　点击"分享到微信后立即报名"按钮

　　然后观众根据提示将直播间分享给微信好友。完成微信分享后，返回直播间，即可看到"恭喜您抢到券"的提示信息，点击"立即使用"按钮即可用券下单，如图 7-33 所示。如果观众暂时不想下单，在直播间右侧仍会显示"已抢到券"的提示信息，提醒观众下单购买，如图 7-34 所示。

图 7-33　点击"立即使用"按钮　　图 7-34　显示"已抢到券"的提示信息

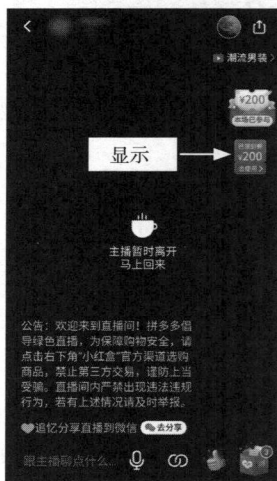

　　如果商家要吸引买家长期关注自己的直播间，则可以策划一些长期的福利活动，提升用户留存。商家可以在直播结束时对下次直播的时间和商品进行预告，同时提醒观众参与下次直播的优惠券活动。

另外，商家还可以给关注直播间的粉丝设置专属粉丝福利，如图 7-35 所示。这些方法不仅能够提升直播间氛围，保持老用户的黏性，同时还可以刺激新用户关注，让他们也想要参与商家的直播间粉丝活动。

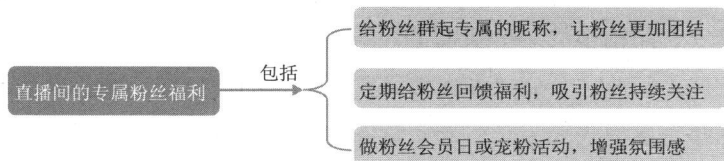

图 7-35　直播间的专属粉丝福利

3 店铺关注券：用优惠抓住粉丝的心

以拼多多直播间为例，在手机端创建直播间后，在"营销工具"菜单中点击"关注券"按钮，进入"关注券"界面，❶设置相应的优惠券选项，包括券的名称、券的面额、发行张数、有效期、开始时间与结束时间；❷点击"确认添加"按钮，即可创建店铺关注券（简称关注券），如图 7-36 所示。

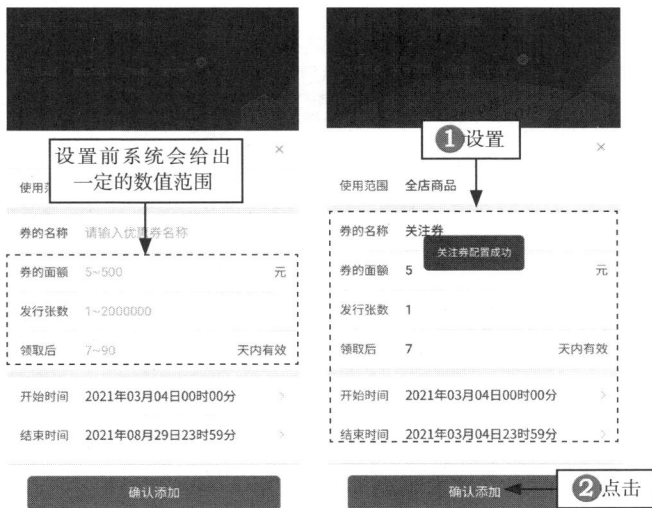

图 7-36　创建店铺关注券

在电商平台上，关注店铺的买家复购率非常高，是商家不可错过的免费流量来源。同时，当店铺或商品被买家关注后，还可以增加权重和强化标签，提升商品的点击率，为店铺带来更多潜在的成交人群。

7.2 农产品直播带货的五种方法

直播是农产品销售的一个新渠道，随着经济的快速发展，这种销售模式仍将得到不断发展，因此，掌握这种销售模式可以帮助你更好地销售农产品。那么，你知道有哪些直播带货的方法？本节将介绍农产品直播带货的五种方法，帮助你快速打开农产品的销路。

7.2.1 传播农业里的文化，讲述产品承载的历史人文典故

农业可从广义与狭义两方面来看，广义上包含农、林、牧、渔、副，狭义上主要是指种植业。一直到今天，其中蕴含着丰富的文化。农业文化是一种与农业有关的精神和物质文化的总和，是人们在农业生产实践中所创造的，其发展可分为原始农业文化、传统农业文化和现代农业文化三个阶段，如图 7-37 所示。

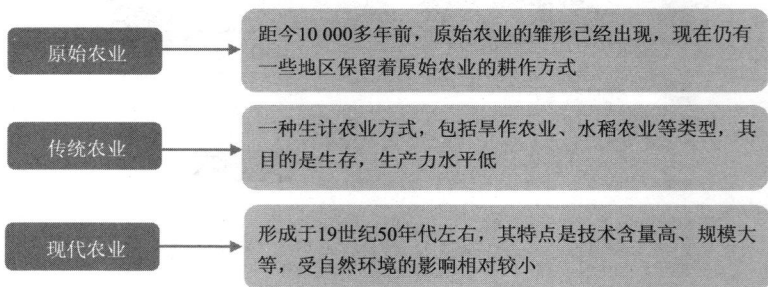

原始农业	距今10 000多年前，原始农业的雏形已经出现，现在仍有一些地区保留着原始农业的耕作方式
传统农业	一种生计农业方式，包括旱作农业、水稻农业等类型，其目的是生存，生产力水平低
现代农业	形成于19世纪50年代左右，其特点是技术含量高、规模大等，受自然环境的影响相对较小

图 7-37　农业文化分类

下面介绍一些蕴含农业文化或历史人文典故的农产品。

1 黄芪

图 7-38 所示为黄芪，黄芪流传着一个故事，商家在推荐黄芪的时候，可以将这个故事讲述出来。相传有一位擅长针灸治病的老人，他富有同情心，为人亲和，乐于救人，后因救人而不幸身亡。老者身材消瘦，面黄肌瘦，人们尊称他为"黄耆"。

老人离世后，其坟墓旁长着一种草药，该草药具有很高的药用价值，人们为了纪念他，便将该草药称为"黄芪"，并用它救治了很多病人，在民间广为流传。

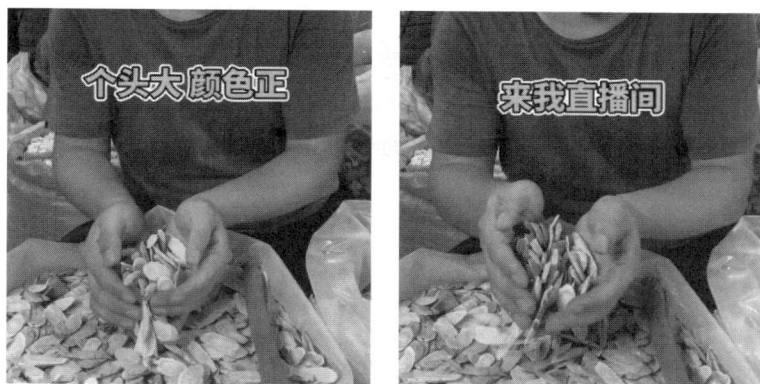

图 7-38　黄芪的直播

2 房县黄酒

图 7-39 所示为房县黄酒，其起源于西周时期，盛行于大唐。《诗经》文化起源于房县，且主要编纂者尹吉甫也是当地人，因此当地至今仍保留着吟诵诗经的文化传统。主播直播时可以一边品酒，一边讲述这些历史典故。

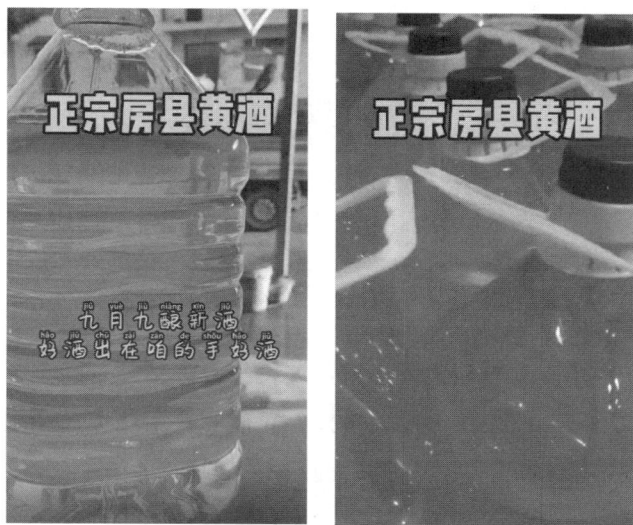

图 7-39　房县黄酒

3 茶

图 7-40 所示为推荐茶的直播间。茶是中国最先发现并利用的，几千年来，中国的茶文化源远流长、博大精深，因此关于茶的典故也有很多。例如，晋代有一位官员特别喜爱喝茶，每天不停地喝茶，客人来访时也要求客人喝茶，但是当时喝茶还没盛行，因此每次去这个官员家时都戏称"今日有水厄"。此外，唐代陆羽还专门写了一本《茶经》。主播在推荐茶的时候，可以向观众简要地讲述一下中国的茶文化及其中的典故。

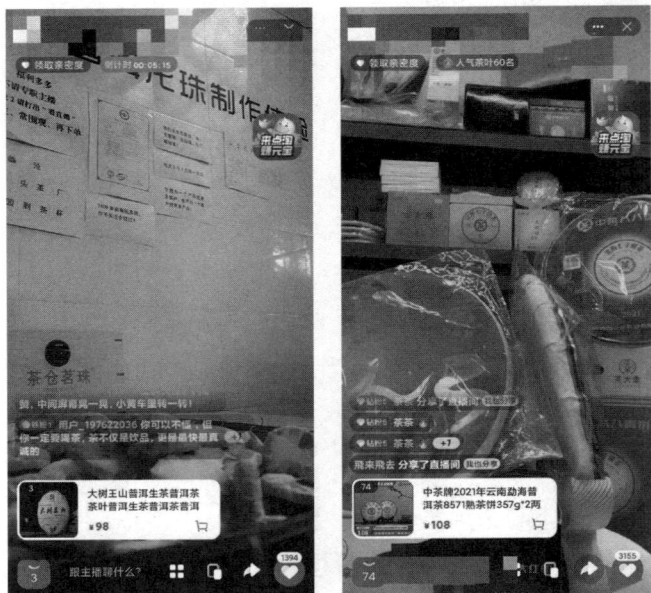

图 7-40　推荐茶的直播间

7.2.2　讲述农产品背后的故事，赞扬匠人精神

一生只做一件事，要做就做到极致，这就是匠人精神。能够沉下心来只做好一件事是一件很不容易的事情，因此主播在直播间介绍相关农产品时，可以将其背后的故事讲述出来，赞扬农产品背后的匠人精神。

通过传达农产品背后的故事，一方面可以让观众感受到这个产品的珍贵及制作之人的用心；另一方面也可以让观众有一个记忆点，激发观众购买的欲望。

图 7-41 所示为酱油，主播带货时可以讲一个故事：有一位年轻人，他们家

五代人都在做酿造酱油的工作，他们不仅是一个人的一生奉献于酿制酱油的工作，几代人的一生都在制作酱油，且在如今科技发展迅速的时代，他们为保持酱油的风味，仍坚持用木桶酿制工艺，其工匠精神值得赞扬。

图 7-42 所示为米酒，米酒需要发酵，但是发酵太重容易造成酒味太重，发酵不足，其甜味又不太够，我们之所以能够喝到美味的米酒，处处都离不开老师傅的经验和智慧。在直播时，主播可以将米酒制作时遇到的问题及老师傅解决的情况讲述给观众听，吸引观众的注意力。

图 7-41　酱油

图 7-42　米酒

7.2.3　尽可能多地制造出直播金句和传播素材

与传统的电商以及实体店相比，直播间的娱乐性及互动性更强，因此主播要尽可能多地制造出金句和传播素材，让产品实现口碑传播。

有一次，某位知名主持人在直播间就制造了许多直播金句，非常具有娱乐性。图 7-43 所示为藕带，该主持人在推荐藕带时说："藕代表着佳偶天成，而且无独有偶，吃了藕就不单身了。藕代表着不会变心，因为有一句名言'奇变偶不变，符号看象限'，所以吃了藕，海枯石烂心不变。支持湖北你最拼，买完莲藕去相亲。""藕带和藕的关系是'长大后我就成了你'"。

图 7-44 所示为茶叶，该主持人在推荐茶叶时说："我非常喜欢喝茶，因为今天和"90后"一起直播没好意思把茶杯带来，怕大家看见里面的枸杞。"这些卖货金句不仅引爆直播间，还登上了热搜榜，吸引了无数粉丝观看。

图 7-43　藕带

图 7-44　茶叶

7.2.4　精准表达直播内容，呈现更多的高光时刻

直播不在多，在于精。如图 7-45 所示，主播可以从以下两点来呈现直播内容。

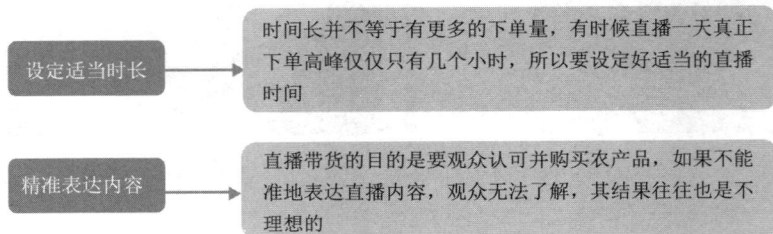

图 7-45　直播内容安排

7.2.5　农产品直播既要"颜值"，更要"品质"

农产品的品质问题是消费者一直重点关注的因素。农产品的品质好不好，消费者吃得好不好，用得好不好，都是影响消费者二次消费的重要因素。买卖想要做得长久，想要吸引更多的消费者，不能仅仅在产品的"颜值"上下功夫，还要保证"品质"。在直播间内，说了是不打农药、不施化肥的农产品，到消费者手里就必须是不打农药、不施化肥的农产品，不能只顾眼前小利而失去粉丝的信任，好的品质会让消费者再次购买。

如图 7-46 所示，在销售石榴的直播间内，可以看到消费者因为收到的石榴品质好，又大又甜，便会再次购买。如图 7-47 所示，在苹果的直播间内可以看到，消费者因为收到别的直播间内的坏果，便不再购买，转而光顾别的直播间。

图 7-46　石榴直播间

图 7-47　苹果直播间

(7.3) 探索农产品直播的全新玩法

直播带货已成为一种趋势，已经有越来越多的人加入直播带货的行列，农产品直播带货模式也在不断地升级，探索出许多全新的玩法。

7.3.1　直播＋电商，边播边卖农产品

直播为传统农产品电商打开了一个新的营销模式。通过直播，将具有相同爱好的观众聚集在直播间内，观众在直播间内看到自己喜欢的农产品时，可直接购买产品，同时观众还可以通过评论交流产品，从而刺激其他观众购买农产品。这种模式一方面增加了消费者的黏性，另一方面也提高了农产品的销量，为传统农产品电商创造了新的盈利机会。

现如今，"直播＋电商"有以下三种模式：

1 商品链接

这种模式一般是在直播间内挂上电商平台的购买链接，在直播结束后就会把链接拿下。现如今大部分的直播平台都是靠吸引粉丝为主播打赏而获得利益的，如果在直播间内挂上商品的购买链接，就会影响直播间观众观看的体验，从而造

成平台流量的流失，因此这种方式目前很少有直播平台会采用。

例如，西瓜视频平台中就有很多乡野主播，他们常常为各种农产品开播带货，通过在自己的直播间挂上农产品链接来增加其销量，如图 7-48 所示。

图 7-48　西瓜视频乡野直播间

2 以直播为主打的内容电商平台

这种模式相对较少，但这才是真正意义上的"直播＋电商"模式。这种模式主要是直播带货，所以有着明显的营销色彩，而且观众的排斥心理也不会太强烈。这种模式下还打造了一个直播与电商平等的平台，不是以直播为主或者电商为主，也不是另一方依附的情况，两者互利共生。

3 电商平台直接镶嵌直播功能

这种模式一般是指在电商平台设置直播功能，比较熟知的电商平台都已经设置直播功能，如淘宝、京东、拼多多等。图 7-49 所示为淘宝的直播功能界面，观众只要点开应用软件，即可看到直播功能，点击即可选择自己喜欢的直播间观看。

这种模式主要是利用平台的流量来增加直播的流量，等直播间有了充足的粉丝量及观看量之后又利用直播的热度来加大电商平台流量。采用这种模式的一般偏向于网红或者明星。

图 7-49　淘宝直播功能界面

7.3.2　直播＋PGC，用内容卖货

PGC是指在某一个领域具有自己的经验和智慧的人出于"爱好"将自己的知识分享出来，形成专业内容。知乎上很多"大V"都是某个领域的专家，他们也是PGC的生产者。现如今，直播平台模式单一、同质化严重，为了稳定流量、打造差异化、专业化的直播内容，平台就把目光投向了PGC领域。

图7-50所示为淘宝直播出品的首档PGC直播节目。该档节目通过策划，所呈现的内容都是精华。

图 7-50　淘宝首档PGC直播节目

7.3.3 直播＋短视频，更吸引用户消费

直播与短视频是现如今最热的营销方式，直播和短视频的融合是大势所趋，直播以即时性和互动性见长，却因时长等问题造成用户负担，后期可以二次制作成短视频，利用用户的碎片化时间进行二次传播。直播可以实时与观众互动，给用户带来身临其境的体验，而短视频可以更加专业地呈现产品的美感，两者融合可以让产品的价值得到充分体现。

图 7-51 所示为抖音 App，对于抖音这类短视频平台来说，上线直播功能可以让观众在观看短视频的同时也可以关注达人的直播，观众可以在自己的空闲时间观看主播的直播，零碎时间就观看主播的短视频，增加粉丝的黏性。

图 7-51　抖音 App

7.3.4 直播＋综艺，产品植入自然有效

在现在综艺节目的内容制作已经非常成熟的情况下，综艺节目也在不断地创新，寻找新的模式。而在直播行业中，主播式的直播已经泛滥，还出现"疲态"。因此，"直播＋综艺"模式由此产生。

"直播＋综艺"模式具有成本低、场景感强的优势，能够快速吸引观众

的目光。同时随着该模式的出现，在特定的场景中植入产品广告也变得自然而然。

图 7-52 所示为《十三亿分贝》综艺节目，在这个综艺节目中，将直播融入其中，主持人通过直播与观众进行现场互动，具有很强的互动性，改变了以往主持人只能与现场观众互动的局限性。

图 7-52　《十三亿分贝》

图 7-53 所示为一档生活服务类节目《中国原产递》，该节目通过带领消费者前往原产地挑选优质、绿色的产品的方式，再通过直供的形式，将优质产品送到消费者手中。

20210720《中国原产递》：五香带鱼　20210714《中国原产递》：松花海鸭蛋　20210708《中国原产递》：鲜椒酱　20210702《中国原产递》：功夫馒头

20210626《中国原产递》：功夫馒头　20210620《中国原产递》：庞各庄西瓜　20210614《中国原产递》：过桥米线　20210608《中国原产递》：带鱼罐头

图 7-53　《中国原产递》

7.3.5 直播＋VR，打造沉浸式直播体验

VR（Virtual Reality，虚拟现实）通过计算机生成一个虚拟环境，并使用户沉浸其中。VR技术应用十分广泛，在医学、军事航空、室内设计等多个领域都有涉及。虽然VR技术存在不能分享及价格昂贵的难点，但能为用户提供极强的沉浸式体验，让用户身临其境，给予直播新的生命力，也为品牌营销带来更多的想象力和可能。

最早将VR技术运用在直播上的是在2016年的一场众筹签约仪式，在这次仪式上，将两者与农产品通过"互联网＋信用三农"完美地结合在一起。在农产品直播中，将VR技术与直播结合，能够让观众近距离且全方位地观看到农产品的动态，进一步激发他们下单的欲望。

第 **8** 章

直播预告：
让农产品直播间的
人气大涨

预告，顾名思义就是预先告知，提前告诉粉丝直播间的时间、地点及内容等相关信息。做好直播预告，能够帮助主播提升直播间的人气。一个好的主播应掌握直播预告的技巧，本章将介绍如何做好直播预告。

8.1 用预热助直播间人气翻一番

在直播前进行预热是很多主播都会做的事情，一方面是告诉一直关注的粉丝自己开播的时间及内容；另一方面预热视频可以帮助主播获得更多的关注，吸引更多的新粉丝进入直播间。

8.1.1 图文预热＋直播

图文预热就是通过图片加文字的方式进行宣传，这种方式可以在流量较多的平台宣传，如微博、微信朋友圈等。那么要如何做好图文预热呢？可以从以下两个方面入手。

1 图片

在用户观看图文宣传的时候，最先映入眼帘的是直播间宣传海报，好的直播宣传海报也能吸引一部分用户进入直播间。那么，如何制作直播宣传海报呢？下面就梳理一下制作海报的整个流程。

（1）确定版式

图文预热的海报版式一般分为两种，即竖版海报和横版海报，竖版海报常用于微博、朋友圈等平台预热，如图8-1所示。横版海报则常用于店铺主页、平台的直播广场等，如图8-2所示。相对来说，直播预热时竖版海报使用频率相对较多。

（2）构思直播海报信息

要做好一张直播海报，首先要确定好海报中的直播信息，包括主标题、副标题及其他的直播关键信息等。主标题是最主要的概要性的总结，要让观众直接了解这场直播的主题是什么，副标题则是用来强调直播间的福利或是直播内容，激发大家进入直播间的冲动，其他关键信息包括直播的时间、地点、入口等。

| 图 8-1　竖版海报 | 图 8-2　横版海报 |

如图 8-3 所示，两张直播海报上都将直播的主标题、副标题、时间及进入的方式等信息全部展示在海报上，一目了然。

图 8-3　构思直播海报信息

（3）选择构图方式

构图方式大致可以分为两种，一种是左右式，另一种是中心式。左右式由主标题和主播左右分布，而中心式由其中一个元素撑满，其他的元素配合放置。

图 8-4 所示为左右式的构图方式，左边为直播信息，包括主标题、副标题等，右边则为主播。

图 8-4　左右式构图方式

（4）确定配色

确定构图方式后，还要注意海报的配色。制作海报时可以从观众的喜好出发，主次分明，色彩不要太复杂，不可以出现多种颜色的搭配。

进行促销等活动时一般采用红色、黄色作为主色调，如图 8-5 所示，商家在做海报时可以采用这类色调，避免"踩雷"。

图 8-5　红色、黄色作为主色调的配色

2 文案

用来预告的海报制作完成后，接下来就是策划宣传推广的预热文案。预热文案是吸引观众进入直播间的第一步，如果预告文案没有吸引力，那么你将失去很大一部分观众。怎样写才能更好地吸引观众呢？

（1）名人效应

名人效应是指通过名人借势宣传。名人具有一定的流量，通过借助名人也可以更好地为直播间预热，这种方式一般常见于达人主播的预告中。

如图 8-6 所示，在设计文案的时候借助名人宣传，提升直播间的曝光度，进一步为直播间引流。

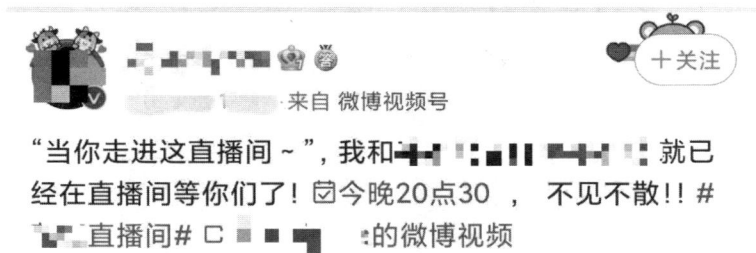

图 8-6　借助名人效应的预热文案

（2）呈现亮点

如果你写的文案仅仅是描述直播的时间、内容等，没有亮点，是无法吸引人的。因此，主播在设计文案时，要主次分明、突出亮点，这个亮点可以是产品的卖点、优惠福利等。

如图 8-7 所示，"超多丰收好物"是这条直播预热文案的亮点。有亮点观众才有期待感，而这条文案中的亮点让观众有了十足的期待感。

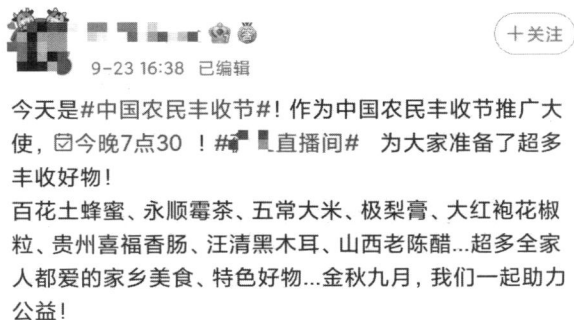

图 8-7　呈现亮点的预热文案

（3）悬念设置

有悬念才能吸引人，因此直播预热文案要记得给观众留一点悬念，吊足他们的好奇心，这样才会让观众忍不住想要踏进你的直播间。

如图 8-8 所示，"还有 1 天，如果不是全程都 ＿＿＿ 怎么会让不买东西的人也舍不得离开？"还有 3 天；如果没有大量地发 ＿＿＿ 怎么会让路人也兴奋得大呼小叫？这两句话就可以吊足用户的胃口，观众在看到时便会产生疑问，想要知道结果，从而吸引他们进入直播间一探究竟。

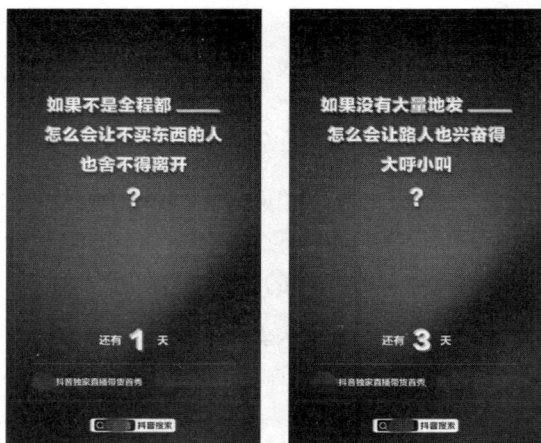

图 8-8　设置悬念的预热文案

（4）价值展示

现在是一个高度信息化的时代，很多人根本没有那么多的时间去看直播，所以你必须直接告诉他们，这个直播间能够给他们带来什么样的价值？因此，在直播预热的文案中，一定要瞄准用户痛点，展现直播间的价值。

在图 8-9 所示的直播预热文案中，通过透露一些产品预告，告诉观众这些产品都是天然无公害的优质农产品，可以满足上班族、老人、孕产妇等各类人群的需求，因此这几类人群便会走进直播间观看，从而购买自己需要的农产品。

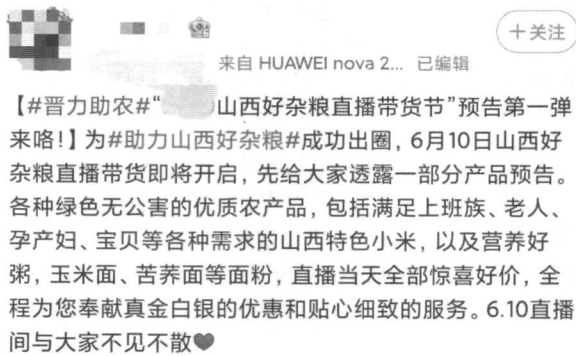

图 8-9　展示价值的预热文案

（5）福利引导

大部分人都会有一点点"占便宜"的心理，因此主播在设计直播间预热文案时就可以通过这种心理来吸引观众进入直播间。例如，进入直播间的观众，都能抽奖，奖品丰富，或者直播间有多轮抽奖、红包多多、福利多多等，通过各种福利，吸引观众进入直播间。

如图8-10所示，直播预热文案中向用户说明直播间"超多福利""直播期间还有三轮抽奖"，以此来吸引用户的注意。

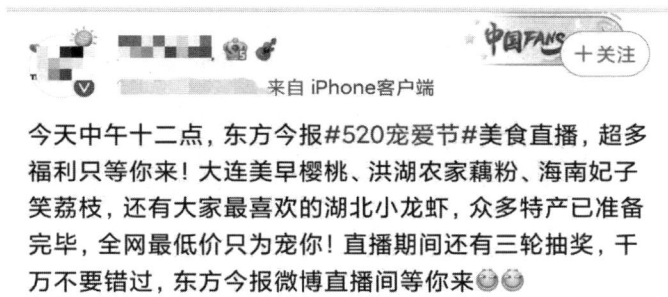

今天中午十二点，东方今报#520宠爱节#美食直播，超多福利只等你来！大连美早樱桃、洪湖农家藕粉、海南妃子笑荔枝，还有大家最喜欢的湖北小龙虾，众多特产已准备完毕，全网最低价只为宠你！直播期间还有三轮抽奖，千万不要错过，东方今报微博直播间等你来😊😊

图 8-10　超多福利的预热文案

>> 专家提醒 >>>>>>.. .>>>> .>>>>>>

　　直播预热的介绍文案非常关键，商家不仅要抓紧用户需求，扣住用户痛点来展现直播的价值，充分勾起用户的兴趣，而且要用一个精炼的文案表达公式来提升点击率，切忌絮絮叨叨、毫无规律地罗列、堆砌相关卖点。

8.1.2　短视频预热＋直播

短视频预热是最常见、最有效的一种预热方式，大部分主播都会通过录制一个好的短视频进行预热。短视频预热又分为几种，下面进行详细介绍。

1 短视频植入预告

很多观众在观看短视频的时候，会有点儿排斥直播预告视频，因此一些主播就通过在短视频的结尾植入预告，这样会比单纯的观看直播预热视频好得多，观众的排斥心理相对也会减少一点儿，从而达到引流的效果。

值得注意的是，这种视频与其他普通的短视频不同，其他的短视频是以涨粉为目的，可以上热门，但是直播预告视频不能上热门，只是为直播间引流。

如图 8-11 所示，在短视频中植入预告，告诉观众下次直播的时间，让观众在不知不觉中接收到直播信息。

直播预告——寻找大山深处的"甜蜜"邀您一起go go "购" #农特产品 #振兴乡村

图 8-11　短视频植入预告示例

2 福利引导

如果新的用户不了解你，则很难进入你的直播间，因此在预热的时候可以给点儿福利，引导新用户进入你的直播间，还能让以前的粉丝持续关注你。但是福利的诱惑往往精准度不高，很多观看直播的人只是进来"薅羊毛"。这种短视频不用太长，只要将自己的福利说出来即可。

如图 8-12 所示，该预热短视频通过原价与"直播助农价"进行对比，让观众了解到直播间的价格优惠幅度，吸引他们前往直播间下单购买。

直播预告 | 5月20日下午2:30 "橙心橙意·把爱带回家" #爱心助农

图 8-12　福利引导预热短视频

3 纯预告

这种直播预热短视频一般是直接说出直播的时间、地点及内容，通常在直播前的一两个小时内发布。如图 8-13 所示，这个预热短视频仅仅是直接向观众介绍直播间有什么及直播的时间等信息，并没有多余的信息展示。

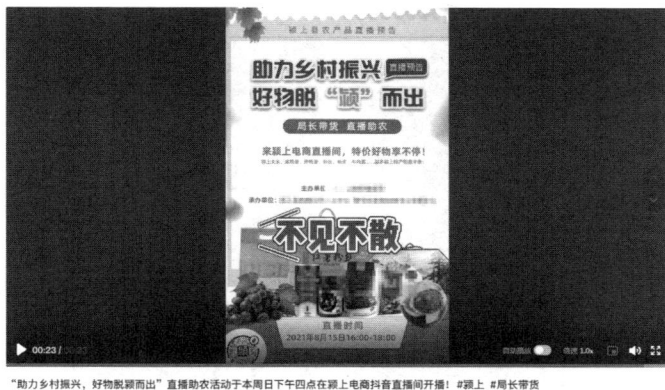

"助力乡村振兴，好物脱颖而出"直播助农活动于本周日下午四点在颖上电商抖音直播间开播！ #颖上 #局长带货

图 8-13　纯预告预热短视频

4 直播片段

这种就像是影视剧中的花絮、特辑，就是给一段关于直播间的视频，激起观众的观看欲望，可以是上一次直播时一些搞笑的片段，也可以是直播前的一些准备。如图 8-14 所示，将直播前的直播准备及直播外的场景做成短视频发送出来，让观众对本次的直播内容有所期待，从而进入直播间观看。

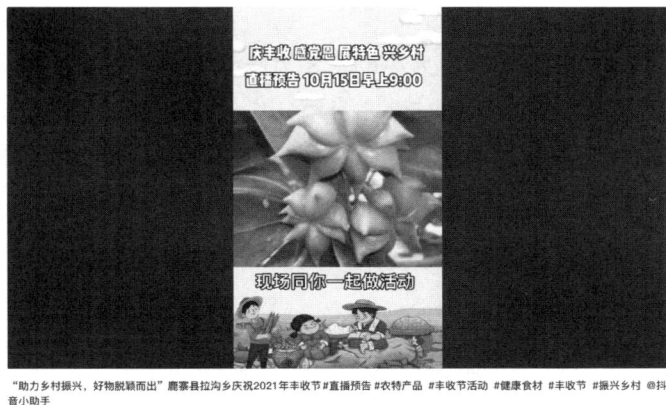

"助力乡村振兴，好物脱颖而出"鹿寨县拉沟乡庆祝2021年丰收节 #直播预告 #农特产品 #丰收节活动 #健康食材 #丰收节 #振兴乡村 @抖音小助手

图 8-14　直播外的场景

此外，主播还可以在预热短视频中向观众提问，到直播间再进行解答，让观众有进入直播间一探究竟的欲望。

如图 8-15 所示，该短视频先是向观众展示一些风景，勾起观众的好奇心，让观众继续看下去，然后在视频结尾时问观众是否知道当地有哪四宝，却不回答，让观众带着这个疑问进入直播间。

图 8-15　设置悬念预热短视频

无论你是做什么直播，直播前的预热是必需的，掌握好预热的方法一定会让更多的观众愿意进入你的直播间。

8.1.3　社群预热＋直播

如今，社群营销是一种极为火爆的营销方法，也是许多企业线上引流的主要渠道之一。现在很多企业都会组建客户社群，一方面是为了方便交流，另一方面是通过社群进行宣传，从而达到裂变引流的效果。直播行业也是如此，社群是最好的线上转化方式，在社群中进行直播预热，也可以让更多的粉丝了解到你的直播计划及内容。那么，农产品直播该如何在社群中预热呢？

1 提前 3～5 天

如果直播的间隔较长、次数较少，则在直播前几天主播可以在社群中设置一个公告，将直播信息告知群里的粉丝。这样可以让更多粉丝提前知道直播信息，吸引他们准时进入直播间，也可以让主播有充足的时间做好直播准备工作。

如图 8-16 所示，主播可以在微信群中点击"群公告"按钮发布关于直播信息的公告。

图 8-16　发布公告

2 直播前一天晚上的预热

等到直播前的下午或者晚上，主播可以简略地介绍直播内容并制造一些悬念，一方面提醒粉丝直播的时间；另一方面也可以激发粉丝进入直播间的欲望。同时，主播还可以安排一些人在社群中进行提问，然后主播或者团队工作人员有针对性地进行回答，并引导粉丝去观看直播。

3 当天公告提醒＋福利通知

如果直播时间在晚上，主播还可以在当天的中午或者下午进行再一次的预热。例如，主播可以在直播间内发布直播间的福利、直播间的入口链接等，如图 8-17 所示。这样，一方面可以方便粉丝进入直播间；另一方面发布福利可以激发粉丝进入直播间的热情。

4 倒计时一小时

最后一小时，主播可以在直播间内与粉丝互动、发一个小红包，或者在社群中发一句接龙的话，然后让工作人员接龙，带动社群的氛围，从而让不知道直播信息的粉丝能够了解并进入直播间。

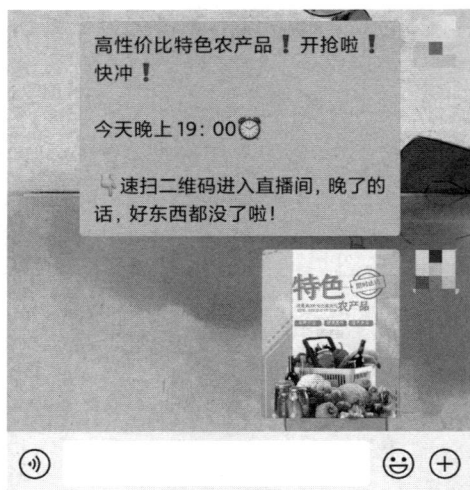

图 8-17　福利通知

值得注意的是，有一些主播可能会有好几个直播群，他们在直播时就在群里活跃一下，当直播结束了，这个群就成了"死群"。这是十分不可取的，不能只在直播前才在社群内活跃，下次直播时就会让粉丝有排斥的心理。

所以，主播要时不时地在社群中与粉丝互动，增加粉丝的黏性，那么怎样互动呢？

（1）发福利：逢年过节的时候，也是大家的消费高峰期，主播可以在社群内发放红包或者一些小赠品，提升节日气氛的同时还能吸引大家到店铺消费。有条件的商家甚至可以每天都发红包，金额不用太多，只需保持稳定的社群活跃度即可。

（2）预上新：当店铺有新品即将上架时，首先在微信群中发布新品的优惠福利信息，让喜欢尝鲜的群友及时下单购买。

（3）多激励：商家可以经常在微信群或者朋友圈中举办一些有奖活动，如分享有礼，在转发内容中添加商品分享链接或者二维码，对于转发的朋友可以给他们私发红包或者小礼物，多激励朋友们分享自己的店铺和商品。

8.1.4　站外预热＋直播

站外预热，顾名思义就是在除直播平台以外的平台为直播宣传，增加热度，主要有微博、微信公众号、微信等。

1 微博

新浪微博上线于 2009 年，其最大的特点就是信息发布及传播的速度快。假如主播的粉丝有 500 万，那么他所发布的信息短时间就可以让这 500 万人看到，如果信息公开将会有更多人看到，其速度远远超过传统纸媒。因此，主播可以利用其特点，在微博上进行直播预热。

图 8-18 所示为某主播在微博上发布的直播预热信息，告诉观众直播的时间，让观众可以提前规划好时间，避免造成时间上的冲突。

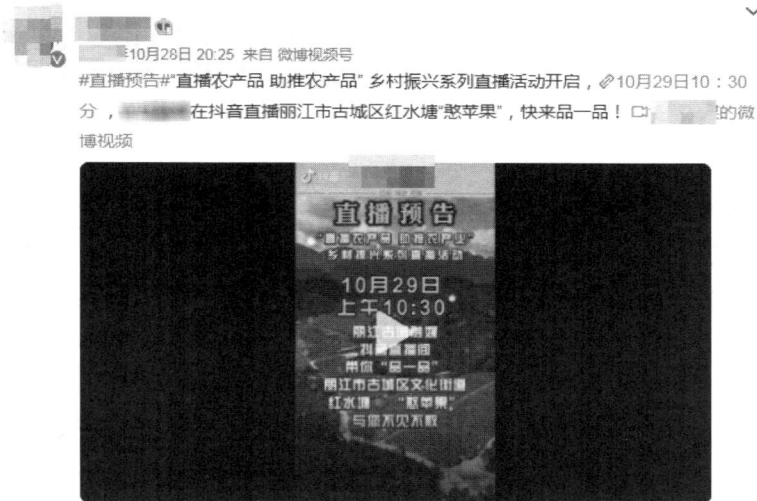

图 8-18　微博预热

2 微信公众号

除了在微博上进行预热以外，主播还可以利用微信公众号进行直播预热。有些主播有自己的公众号，平时更新一些自己直播带货的产品，以此来吸引粉丝的持续性关注，这些主播就可以通过公众号进行直播预热。一些政府直播扶贫时，也会通过当地融媒体中心的公众号进行直播预热。

如图 8-19 所示，在"巴南区消费帮扶周"直播活动之前，当地政府通过公众号进行直播预热。如图 8-20 所示，在"923 全球农产品直播电商节"来临前，相关主播也是通过公众号进行倒计时直播预热。

图 8-19　公众号预热示例（1）

图 8-20　公众号预热示例（2）

3 微信

微信是大家常用的社交软件，无论是中年还是青年，几乎都有一个属于自己的微信，因此主播可通过分享直播进行预热。在直播开始时进行。

（1）进入相应的农产品直播间后，点击右上角的"分享"按钮▮，如图 8-21所示。

（2）在底部弹出的分享菜单中，点击"微信"按钮，如图 8-22 所示。

图 8-21　点击"分享"按钮

图 8-22　点击"微信"按钮

（3）即可打开微信应用程序，进入"选择"界面，在"最近聊天"列表中选择相应的好友，或者点击"创建新聊天"按钮选择其他的微信好友，如图 8-23 所示。

（4）选择好友后，弹出"发送给"对话框，点击"分享"按钮，如图 8-24 所示。在该对话框的文本框中，主播也可以输入一些引流文案，吸引好友点击。

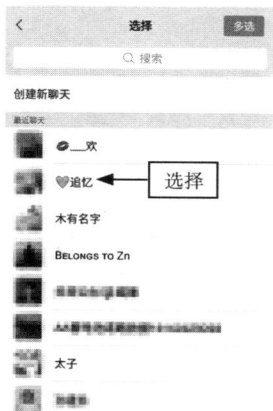

图 8-23　选择相应的好友

图 8-24　点击"分享"按钮

（5）微信好友将收到直播间的链接信息，点击该链接，如图 8-25 所示，点击链接后即可直接进入直播间，如图 8-26 所示。

图 8-25　点击直播间的链接

图 8-26　进入相应直播间

主播开播后，可通过微信群、QQ 群、抖音或微博等社交网络，积极分享直播间的链接，将这些渠道的流量都集中到直播间，最大限度地增加直播间的粉丝。

4 微信视频号

微信上还有视频号，主播也可以在上面进行直播预热。❶主播可以点击微信下面的"发现"按钮 ，❷选择"视频号"选项，如图8-27所示。进入后点击上面的 图标，如图8-28所示。

图 8-27 选择"视频号"选项

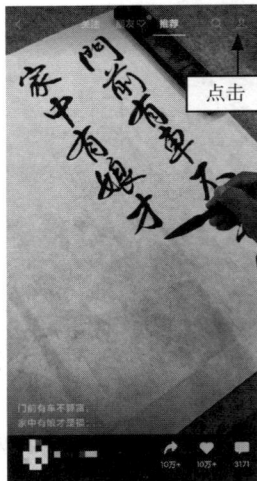

图 8-28 点击相应图标

进入"我的视频号"界面，点击"发表视频"按钮，如图8-29所示。在弹出的列表框中选择相应的上传视频方式，如图8-30所示。

图 8-29 点击"发表视频"按钮

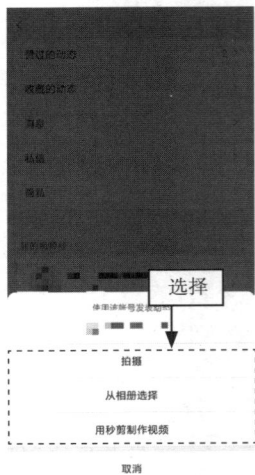

图 8-30 选择上传的视频方式

选择好视频后，进入视频编辑界面，主播可以在此对视频进行剪辑和美化处理，如图 8-31 所示。点击"完成"按钮进入发布界面，主播可以填写关于直播的信息，如添加话题可以精准地推送给粉丝，点击"扩展链接"按钮可以将与直播相关的微信公众号文章与之连接，点击"发表"按钮进行发布，如图 8-32 所示。

图 8-31　修改、美化视频

图 8-32　发布界面

8.1.5　直播预告的模板

预告就是通过告诉粉丝下一次农产品直播的内容，从而吸引有兴趣的人进入直播间观看，因此直播预告时的说话技巧很重要，关系到粉丝是否愿意进入直播间观看。下面介绍几种直播预告时的模板。

1 直接式

直接式就是主播在短视频预热时或者上一场直播预告时，直接将下一场的时间、平台及主要内容全部告诉直播间的观众。其优点是让观众一目了然地知道下一场直播的情况，缺点是将下一场的直播信息全部说出来，没有悬念，不足以吸引观众。

例如："今天的直播就要结束了，感谢大家的支持，明天将给大家带来××、××产品，同一时间我还在这里等着大家哦！"

2 设置悬念式

在直播预告时，适当地给观众制造一些悬念，让他们念念不忘，才能激发起观众进入下一场直播的兴趣。

例如："有人说橙子是维 C 之王，也有人说猕猴桃是维 C 之王，那么到底哪个才是真正的维 C 之王呢，下一次的直播间我来为你们进行揭秘。"

3 抛出亮点式

有亮点才能吸引观众，在做预告时必须表现出直播策划的亮点，只有充分包装直播间才能吸引用户。农产品带货直播预告，产品的卖点和优惠活动会成为亮点，预告可以描述直播间优惠活动吸引观众。

例如："平和琯溪红心柚，味甜多汁、果肉饱满、现摘现发，直播间还有限时秒杀活动、低价促销。"

8.2 各平台的直播预告发布技巧

各平台都可以发布直播预告，但不同平台的直播预告的发布方式不同，技巧也不同，本节将介绍快手、抖音、拼多多这三个平台的直播预告发布技巧。

8.2.1 快手直播预告如何发布

在快手平台上发布直播预告后，可以在主播个人主页、直播间、个人作品等渠道展现你的直播预告信息，从而吸引更多的人进入直播间，因此商家需要做好直播预告。下面介绍快手直播预告的发布方法。

（1）打开快手 App，点击左上角的"登录"按钮，如图 8-33 所示。

（2）登录后点击下面的 ⑥ 图标，如图 8-34 所示。

（3）进入拍摄界面，❶在下方选择"直播"选项；❷点击"预告"按钮，如图 8-35 所示。

（4）弹出"创建直播预告"窗口，❶设置"预告直播时间"和"直播内容"（输入字数不超过 11 个）；❷点击"创建预告"按钮，如图 8-36 所示。

图 8-33　点击"登录"按钮

图 8-34　点击相应图标

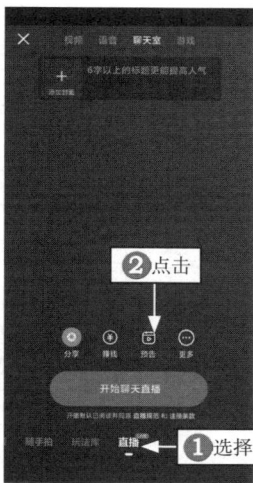

图 8-35　点击"预告"按钮

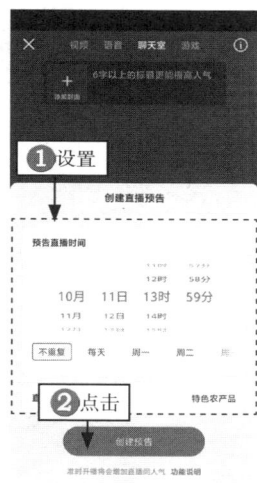

图 8-36　点击"创建预告"图标

（5）弹出"添加日程到日历提醒"对话框，点击"添加提醒"按钮，如图8-37所示。

（6）点击"在直播间内展示预约信息"后面的功能按钮，如图8-38所示。

（7）直播预告创建成功后，主播在自己的个人主页上即可看到直播预告情况及预约的人数，如图8-39所示。

（8）观众可以在直播间评论区看到直播预告，并通过主播个人主页、评论区提醒进行预约，如图8-40所示。

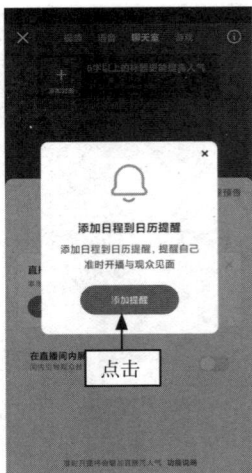

图 8-37　点击"添加提醒"按钮

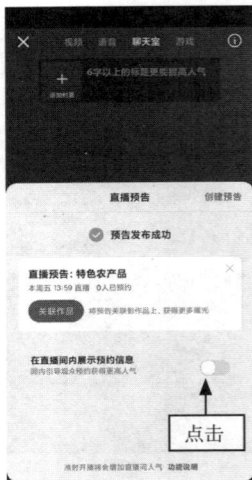

图 8-38　点击相应的功能按钮

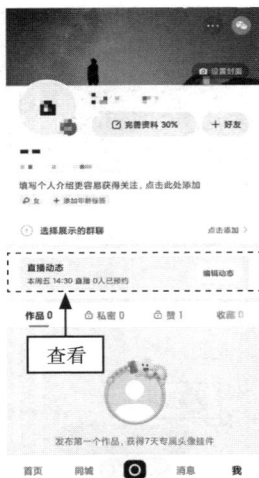

图 8-39　主播个人主页

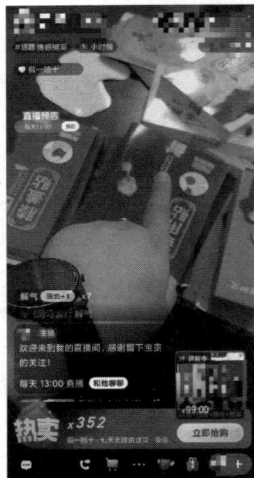

图 8-40　直播间直播预告

此外发布预告后，主播还可以将直播预告与自己的作品关联，这样当新用户看到主播的作品时，如果对主播感兴趣，就会进入直播间，下面介绍具体方法。

（1）发布直播预告后，返回个人主页，在"直播动态"选项区中点击"编辑动态"按钮，如图 8-41 所示。

（2）进入"直播动态"界面，点击"关联作品"按钮，最多只能选择一个作品进行关联，如图 8-42 所示。

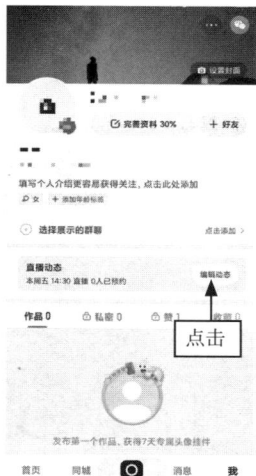

图 8-41　点击"编辑动态"按钮　　　图 8-42　点击"关联作品"按钮

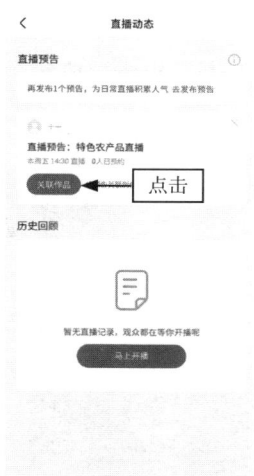

（3）关联成功后，粉丝可点击关联作品左下方贴片中的"立即预约"按钮预约直播，如图 8-43 所示。

图 8-43　点击"立即预约"按钮

8.2.2　抖音直播预告如何发布

抖音直播预告可以分为两种情况进行发布，一种是通过直播贴纸的方式发布，另一种是通过添加话题的方式发布。下面将介绍这两种发布方式的操作方法。

1 直播贴纸

直播贴纸可以帮助主播提高直播间的曝光量，让更多的人看到你的直播预热视频。下面介绍使用直播贴纸发布预热视频的操作方法。

（1）打开抖音 App，点击下面的 ■+■ 图标，如图 8-44 所示。

（2）点击"相册"按钮，选择要上传的视频，如图 8-45 所示。

图 8-44　点击相应的图标

图 8-45　点击"相册"按钮

（3）点击"贴纸"按钮，如图 8-46 所示。

（4）在"贴图"窗口中选择相应的"直播预告"贴纸，如图 8-47 所示。

图 8-46　点击"贴纸"按钮

图 8-47　选择"直播预告"贴纸

（5）选择自己的开播时间，如图 8-48 所示。

（6）点击"完成"按钮，即可在短视频内看到直播预告贴纸，如图 8-49 所示。

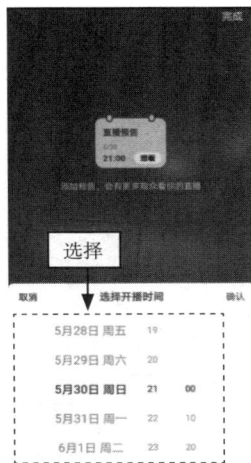

图 8-48　选择开播时间

图 8-49　直播预告视频

2 预告话题

主播可通过抖音 App 的话题功能发布直播预告，这种方式主要是通过话题进行推送，也有一定的预热效果，下面介绍具体的操作方法。

（1）打开抖音 App，点击🔍图标，如图 8-50 所示。

（2）❶输入"直播预告"；❷切换至"话题"选项卡，如图 8-51 所示。

图 8-50　点击"搜索"图标

图 8-51　切换至"话题"选项卡

（3）选择相应的直播预告话题进入该话题区，点击"立即参与"按钮，如图 8-52 所示。

（4）点击"相册"按钮，选择要发布的直播预告视频，如图 8-53 所示。

图 8-52　点击"立即参与"按钮

图 8-53　点击"相册"按钮

（5）界面会出现"直播预告"的话题，主播还可以编辑视频，点击"下一步"按钮，如图 8-54 所示。

（6）进入"发布"界面，主播可根据自己的情况来确定是否公开地点及公开的范围，然后点击"发布"按钮即可，如图 8-55 所示。

图 8-54　点击"下一步"按钮

图 8-55　点击"发布"按钮

8.2.3　拼多多直播预告如何发布

拼多多的直播预告可以帮助直播间快速引流和涨粉，而且引流时段不受时间限制，能够 24 小时进行引流，同时买家可以在直播预告中提前预定直播。商家发布直播预告后，将会在店铺主页上展示预告信息，如图 8-56 所示。

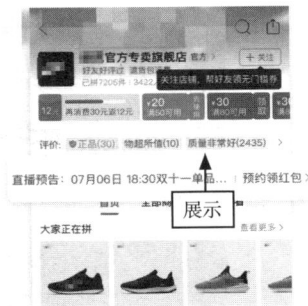

图 8-56　直播预告展示位置

等到商家正式开播后，店铺主页的直播预告会马上消失，同时平台会给订阅直播预告的买家发送开播通知信息，将买家快速引导至直播间观看并下单。

拼多多平台在创建预告时，可以设置订阅红包，这样就可以激励更多的粉丝来订阅直播。下面介绍创建直播预告的操作方法。

（1）在手机端的"多多直播"主界面，点击"创建视频"按钮，在弹出的"请选择视频类型"菜单中选择"直播预告视频"选项，如图 8-57 所示。

（2）进入"创建预告"界面，点击"上传视频"按钮，如图 8-58 所示。

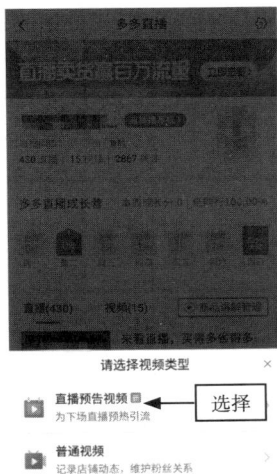

图 8-57　选择"直播预告视频"选项

图 8-58　点击"上传视频"按钮

（3）选择视频后，进入"预览视频"界面，预览视频内容，如图 8-59 所示。

（4）点击"下一步"按钮，即可上传视频，点击"选择封面"，如图 8-60 所示。

（5）进入"选择封面"界面，❶选择要作为封面的视频画面；❷并输入相应的封面文案内容；❸点击"确定"按钮，如图 8-61 所示。

（6）返回"创建预告"界面，在"直播介绍"文本框中输入下场直播的具体时间，如图 8-62 所示。

图 8-59　预览视频内容

图 8-60　点击"选择封面"

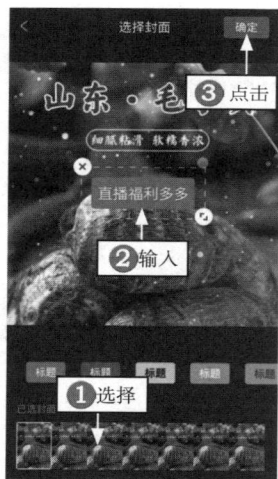

图 8-61　设置视频封面

图 8-62　设置直播介绍

（7）点击"直播时间"按钮，❶在弹出的"设置开抢时间"窗口中设置直播时间；❷点击"确定"按钮，如图 8-63 所示。

（8）点击"直播商品"按钮，进入"添加商品"界面，❶选中相应商品；❷点击"确认添加"按钮，如图 8-64 所示。

（9）点击"订阅红包"按钮，弹出"订阅红包充值"对话框，❶输入相应的红包金额；❷点击"确认充值"按钮，根据提示进行充值即可，如图 8-65 所示。

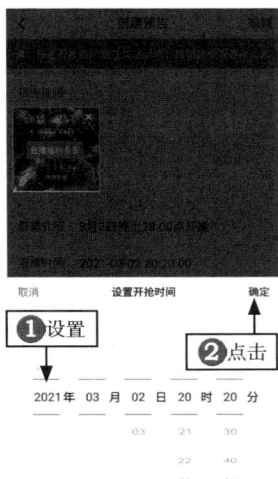

图 8-63　设置直播时间

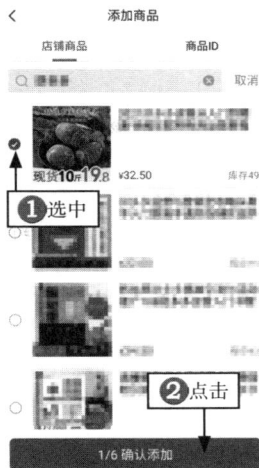

图 8-64　点击"确认添加"按钮

（10）返回"创建预告"界面，❶开启"店铺主页展示直播预告"功能；❷点击"发布预告"按钮，即可完成直播预告的发布操作，如图 8-66 所示。

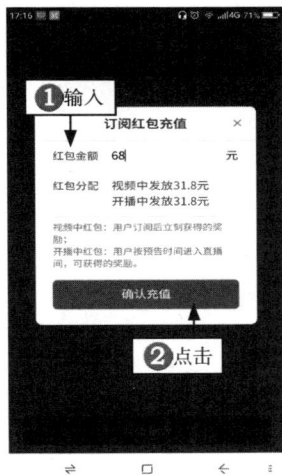

图 8-65　设置订阅红包

图 8-66　点击"发布预告"按钮

在"订阅红包充值"对话框中，当商家输入红包金额后，系统会按照一定比例分配给开播前的视频中（预告视频红包）和开播中（直播间红包）发放。买家在预告视频中关注并订阅直播后，即可领取预告视频红包。当买家按照预告时间准时进入直播间后，即可领取直播间红包。在设置直播预告的订阅红包时，商家还需要注意以下事项，如图 8-67 所示。

不可退款	订阅红包金额为购买服务形式，商家一经支付成功就不可退款，因此商家一定要提前规划好具体的红包金额
剩余金额	若直播预告创建失败或视频审核失败导致预告未生效，可使用上次支付的金额重新创建预告；若订阅红包未抢完，在金额剩余有效期内，可供下次预告时使用
重新充值	在有剩余金额可用时，如果商家选择重新充值红包，则剩余金额自动被清空

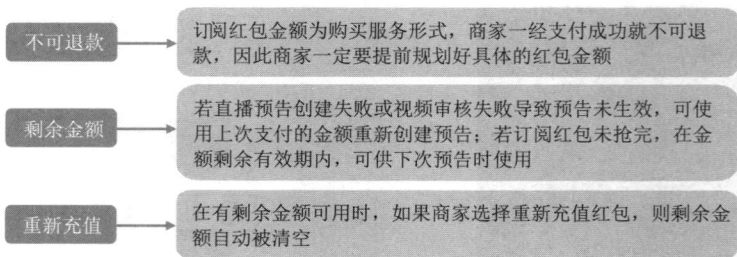

图 8-67   设置订阅红包的注意事项

直播预告是一种视频形式，因此首先要符合视频的基本内容规范，同时在拍摄视频素材时还需要掌握一些方法。

（1）质量高清：视频画面一定要清晰，用手机拍摄时选择高分辨率模式，并用手持稳定器来固定手机，避免手机晃动导致画面模糊，如图 8-68 所示。

图 8-68   画质清晰的直播预告视频

>> 专家提醒 >>>>>>.. .>>>> .>>>>>>

手持稳定器能根据用户的运动方向或拍摄角度来调整镜头的方向，无论用户在拍摄期间如何运动，手持稳定器都能保证视频拍摄的稳定。

（2）注意时长：直播预告的视频时长最好在 15 ～ 60 秒。

（3）真人出镜：让主播出镜，介绍下一场直播的主推商品及其他福利亮点，同时需要强调具体的直播时间。

第 **9** 章

促单技巧：
让农产品直播间的
订单大涨

在直播过程中，主播需要不断地跟粉丝进行互动和沟通，用自己的说话技巧来吸引粉丝目光与获取流量，从而使农产品卖出去，提高自己的带货效果。本章将介绍农产品直播带货的相关技巧，提升粉丝下单的积极性。

9.1　农产品直播带货的常用模板

主播在直播带货过程中，除了要把农产品很好地展示给观众以外，最好还要掌握一些直播带货的技巧，这样才可以更好地进行产品推销，提高主播自身的带货能力，从而让主播的商业价值可以得到增值。

由于每一个买家的消费心理和消费关注点都不同，在面对合适且有需求的产品时，仍然会由于各种细节因素，导致最后并没有下单。面对这种情况，主播就需要借助一定的销售技巧和话语来突破买家的最后心理防线，促使他们完成下单行为。

本节将介绍几种农产品直播带货的技巧，帮助主播提升带货技巧，让直播间的产品销量更上一层楼。

9.1.1　信任型技巧模板

直播的一个缺点就是观众无法接触产品，只能通过主播的描述去了解商品信息。所以，只有让粉丝信任自己及自己所卖的农产品，才能让更多的观众进行下单。那么需要做些什么来安抚和增强粉丝的信心？

主播在推荐产品的时候，可以说一下自己、亲人、朋友或是工作人员使用的情况，还可以直接在直播间展示自己买过的订单详情，以此来告诉直播间的观众这款产品主播或者主播身边的人都使用过，反响还可以。这个看起来小小的动作，其实可以在不经意间打消观众的顾虑。此外，最好还要在直播间直接试吃这款农产品，并说出自己的感受。你使用它，感觉良好，你的粉丝才可以说服自己购买你的产品。还需要描述产品的使用需求和购买需求，双管齐下来激发用户的购买欲望。

所以，主播可以在直播间说一些"我上个月买了××，快吃完了，过几天买点""我妈妈好喜欢吃这个，一直在买"等语言来为产品做担保，又或者说"这类农产品，我只买这一家，也只推荐这一家，真的可以"等话语来增加观众的信任。

9.1.2　展示型技巧模板

主播在直播带货时直接展示农产品的品质和体验，让粉丝以最直观的方式看到效果，才能促进观众积极下单。如果产品展示得很好，观众下单的概率会大大增加。

展示型要求主播在亲自试用向客户展示推广的产品时，要对产品做一个细致的描述，展示其优缺点，从而让观众产生购买的欲望。由于直播的限制，观众无法亲自体验产品，这时主播可以代替他们使用产品，让观看者更直观地了解产品的效果。图 9-1 所示为展示型的操作思路。

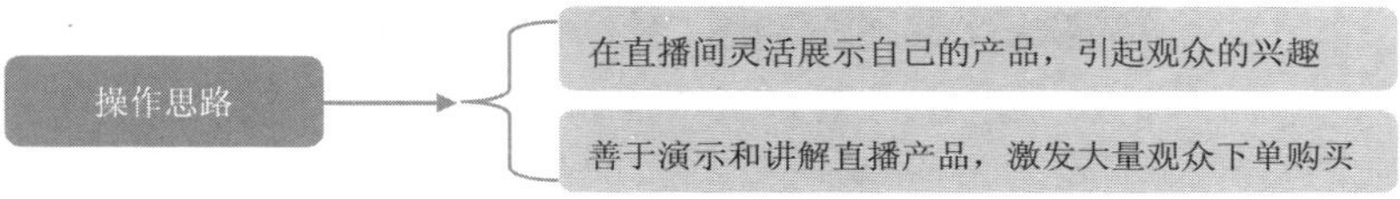

图 9-1　展示型操作思路

有时候语言的表达比较苍白无力，说得再多还不如带观众近距离的观察，让观众身临其境，所以主播可以采用语言加现场展示的方式让观众全方位地了解产品。

1 原产地

农产品的主播可以先带着观众参观农产品的场地，如图 9-2 所示，这段时间主播可以适当地介绍关于农产品种植、采摘等方面的情况，这时观众就可以了解到原产地究竟是什么样子，做到了胸中有数，然后增加对主播的信任，从而下单。

2 加工过程

有些农产品并不是直接就可以售卖的，还需要一个加工的过程，而这个过程也可以在直播间进行展示，例如一些农产品，直播就可以直接拍摄并介绍农产品的制作过程，如图 9-3 所示。

图 9-2　直播间原产地
　　　　展示

图 9-3　展示农产品的加工过程

3 成品展示

农产品不同于其他品类的直播，现场感更重要。大部分农产品都属于食材，而不是食品，仅仅拿到直播间进行展示是不够的。例如，对于排骨产品来说，如果只是一块排骨，并不能勾起观众的食欲，但主播将其烹饪成一道糖醋排骨，观众的购买欲望会大大提高。如图 9-4 所示，主播通过将农产品做成了成品进行展示，激发了消费者的下单欲望。

图 9-4　直播间成品展示

9.1.3 活动型技巧模板

在不考虑质量的情况下，低廉的价格是粉丝追随的主要动力，最直接影响观众决定购买或不购买某件农产品的因素是直播间的优惠活动及价格。折扣较大的产品意味着粉丝会更加忠实，有了粉丝的信任，销量也能稳步增长。

所以，主播经常用以下优惠活动型的语言技巧来刺激观众下单。

（1）参考技巧："6号产品赶紧拍，现在买一送一，还有最后3分钟，错过就没有了！"

分析：用"买一送一"直播技巧来让观众感受到直播间产品的优惠，同时还用倒计时来制造产品优惠的紧迫感。

（2）参考技巧："直播间的宝宝们注意了，这次的××产品是以超低价卖出去哈，超低价！还附赠××产品一件，只有这一次，喜欢的宝宝快点儿拍。"

分析：主播通过强调"超低价"，让观众觉得这次的优惠力度很大，还利用附赠礼品的方式，超出观众的预期，让他们觉得值得，便会打消顾虑，直接下单。

9.1.4 促单引导技巧模板

有很多人做过相关的心理学实验，都发现了一个共同的特点，那就是"时间压力"的作用。

- 在用数量性信息来营造出超高的时间压力环境下，消费者很容易产生冲动性的购买行为。
- 而在用内容性信息来营造出较低的时间压力环境下，消费者在购物时则会变得更加理性。

农产品主播在直播带货时也可以利用"时间压力"的原理，通过自己的语言魅力营造出一种紧张状态和从众心理，同时让他们产生压力，忍不住抢着下单。

1 农产品限时限量

消费者在日常生活中或多或少都会有一些冲动消费，有的正是因为商家在销售时打出限时限量，渲染一种紧张的气氛，对消费者施加压力，从而引起消费者的冲动消费。

对于消费者来说，限时限量也就意味着考虑得越久，不能及时地下定决心去购买这个产品，买到这个农产品的可能性也就越低。正是这种心态，缩短了消费者理性思考的时间，促使他们冲动消费。

（1）参考技巧："6号产品赶紧拍，这个价格只有今天才有，限量5万份，还有最后3分钟，错过就没有了！"

分析：用倒计时及限量来制造产品优惠的紧迫感和稀缺感，让观众产生"自己现在不在直播间下单，就再也没有这么实惠的价格"的想法。

（2）参考技巧："直播间的宝宝们注意了，××产品的库存只有最后100件了，抢完就没有了哦，现在拍能省××元，还赠送一个价值××元的小礼品，喜欢的宝宝直接拍。"

分析：主播通过产品的库存数据来暗示观众这个产品很抢手，同时还利用附赠礼品的方式来超出观众的预期价值，达到更好的催单效果。

2 优惠力度大，活动机会难得

大多数人都想要占便宜，当市场中有一件农产品降价的时候，大家都会趋之若鹜，将这个农产品抢劫一空。因此，农产品直播间也可以利用消费者的这一心理，利用好价格便宜这一卖点，增强消费者的购买欲望。

（1）参考技巧："××产品在店铺的日常价是××元，去外面买会更贵，一般要××元，现在直播间下单只需××元，所以主播在这里相当于给大家直接打了5折，价格非常划算了。"

分析：主播通过多方对比产品的价格，突出直播间的实惠，让观众放弃去其他地方比价的想法，从而在自己的直播间下单。

（2）参考技巧："这次直播间的优惠力度真的非常大，工厂直销，全场批发，宝宝们可以多拍几套，价格非常划算，下次就没有这个价了。"

分析：主播通过反复强调优惠力度，同时抛出"工厂直销"和"批发"等字眼，会让观众觉得"商家已经没有利润可言，这是历史最低价"，吸引他们大量下单，从而提高客单价。

3 产量少，产地佳，错过就没有

农产品与其他产品不同，有的产品一年四季皆可生产，且其产量是固定的，但是农产品的产量不是固定的，尤其是优等品，它们还受自然因素和人为因素的影响，这些影响都有可能导致农产品的产量减少。

此外，农产品的产地也非常重要，例如山东出产的苹果，相较于其他地区的苹果，色泽更为鲜艳，而且个头大，脆度和甜度都比较适中。

参考技巧："这是产于××地区的××产品，由于天气的原因，今年××产品减产严重，数量减少，现在很多商家都是限量售卖，我们这边的××产品也只有一些，大家要是想购买现在就下单吧，错过了就真的只能等明年了。"

分析：主播通过说明来自知名产地的特色农产品的产量减少，提醒消费者数量不多，机会难得，让消费者觉得错过可惜，从而吸引他们大量下单。

9.1.5　感谢技巧模板

俗话说得好："细节决定成败！"如果在直播过程中主播对细节不够重视，那么观众就会觉得主播有些敷衍。在这种情况下，直播间的粉丝很可能会出现快速流失的情况。相反的，如果主播对细节足够重视，观众就会觉得他是在用心直播。当观众在感受到主播的用心后，也会更愿意关注主播和下单购物。

直播时，主播要经常感谢观众，尤其是下单购买的观众，以及进入直播间的新观众。在下播之前，也可以用感谢技巧来答谢粉丝在直播时的陪伴，这样也可以延续粉丝的不舍。

在农产品直播的过程中，主播应随时感谢观众，尤其是进行打赏的观众，还有新进入直播间的观众。也可以用感谢类直播技巧来表达对粉丝的感谢，这不仅能延续粉丝的不舍之情，还能给自己做一个简单的总结。

（1）参考技巧："感谢大家来看我的直播，谢谢你们送的礼物，陪伴是最长情的告白，你们的爱意我收到了。"

（2）参考技巧："感谢朋友们今天的陪伴，感谢所有进入直播间的朋友们，谢谢你们的关注、点赞哦，今天很开心！"

分析：主播在感谢的时候只要真情实义，让观众能够感受到即可。

9.2　农产品直播卖货的口才训练

直播卖货与传统的农业活动相比，虽然直播看起来很轻松，但并不意味着不需要进行训练。农产品直播更注重的是主播的口才，直播带货的主播需要有丰富的沟通技巧及互动能力。因此，成功的农产品直播间需要主播不断地锻炼自己的口才，才能更好地开展直播活动。

9.2.1　根据消费者特征选择说话方式

主播可以根据消费者的特征来选择说话方式，这样会更有效率地卖出农产品。

1 说实话

在购买农产品时，消费者最看重的是农产品是否安全、健康，因此主播一定是消费者值得信赖的人。如果主播不被消费者信任，那么消费者会怀疑他带货的农产品是否是健康、安全、绿色的，同时消费者的购买决心也会大大降低。

因此，农产品直播间的主播在说话方式上要让人感到足够的信任，一定要说实话，说实话才不会出现问题，才能够让消费者信任。

2 价格定位要与粉丝符合

定价看起来容易，但其实也有很多门道。有时候定价过高会影响销量，甚至是主播在观众心中的形象，有时候定价过低会让观众觉得是否产品的质量有问题，从而产生一种不信任感。因此，定价的时候一定要符合消费者的心理预期。

定价好了，怎样让观众知道为什么如此定价呢？在直播的时候，一方面说明其合理性，要让观众知道定价的原因为什么比市场上的同类产品便宜或者昂贵；另一方面把优劣势说出来，这样不管价格情况，也会让观众对主播增加信任感。

9.2.2　土特产也要营销

农产品的直播风格也可"土""高"结合，现在大家对农产品直播间有一个固定思维，就是主播都是走"土"味路线的，但其实不然，农产品的种类有很多，有自产自销的家乡农产品，也有高端农产品，因此可以根据不同的农产品类型，决定直播间不同的风格和语言。

那么，究竟要如何确定农产品直播卖货的语言风格呢？

1 追溯农产品的来源

有许多今天看起来高端的农产品其实它的原产地正是中国。如图 9-5 所示，如猕猴桃、橄榄等，这些产品的原产地都在中国，在直播间内推荐这类农产品，就可以结合本土实际进行营销。

图 9-5 猕猴桃、橄榄

如图 9-6 所示，葡萄、火龙果等产品的原产地并不在中国，这类农产品的营销语言风格可以结合原产地进行营销。

图 9-6 葡萄、火龙果

2 消费者的立场

如果根据消费者的立场来确定风格，就需要看农产品是被谁购买及怎么加工的。图 9-7 所示为牛油果产品，这种农产品的消费人群一般是注重健康的白领，所以在其营销风格上可以"高端"一点。

图 9-8 所示为松茸产品，大多数人购买该农产品一般是用于煲汤的，所以其营销风格可以"土"一点。

总的来说，直播卖货可"土"可"高"，根据不同的方式，可以有不同的风格。

图 9-7　牛油果

图 9-8　松茸

9.2.3　有趣的直播开场白，直击用户笑点

很多新主播在第一次开播时，往往不知道该说些什么，也不知道怎样去带动直播间的气氛，而且需要很长时间才能进入直播状态，而这段时间会导致一些观众的流失。其实，开场是整个直播过程中主播最好掌控的一个时间点，抓住这个时间点，就可以给观众留下一个很好的印象，从而让接下来的卖货更加容易。因此，在开场的时候，主播可以跟观众开开玩笑。

口才幽默风趣的主播，更容易受到观众的喜爱，而且还能体现出主播个人的内涵和修养。一个好的农产品带货主播，必须带有一点儿幽默感，掌握一定的幽默技巧。幽默故事由生活的片段和情节改编而来，因此幽默的第一步就是收集搞笑的段子和故事等素材，然后合理运用，先模仿再创新。

• 主播可以利用生活中收集来的一些幽默素材，将其牢记于心，做到脱口而出，这样能够快速培养自己的幽默感。

• 主播也可以通过观看他人的幽默段子和热门的"梗"，再到直播间进行模仿，或者利用故事讲述出来，让观众忍俊不禁。

很多人都喜欢听故事，而主播可以在故事中穿插幽默的语言，则会让观众更加全神贯注，将身心都投入主播的讲述中。

9.2.4　给粉丝一个明天继续看你的理由

一场直播间不是卖货结束就完成了，还要留住观众，不仅是为了在直播时留住观众，更是要让观众下次还可以进入该直播间，而这就需要主播在直播时给观众一个继续观看你的理由。

如图 9-9 所示，主播可以通过这两种方式做给观众一个继续看你的理由，制造悬念，吊足观众胃口，结合时事，引起观众注意。

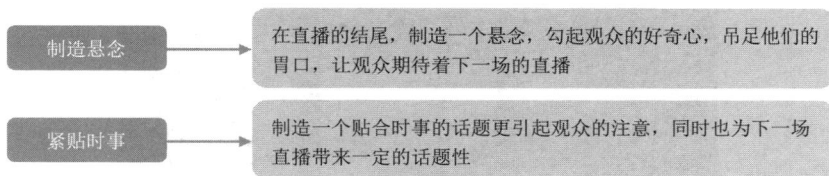

| 制造悬念 | → | 在直播的结尾，制造一个悬念，勾起观众的好奇心，吊足他们的胃口，让观众期待着下一场的直播 |
| 紧贴时事 | → | 制造一个贴合时事的话题更引起观众的注意，同时也为下一场直播带来一定的话题性 |

图 9-9 吸引观众的两种方式

9.2.5 制造话题，引发粉丝进行讨论

能否制造话题也是考验直播间主播的重要能力之一。在直播间，制造一个好的话题，甚至还可以在不是直播的时间段赢得粉丝的关注。

那么，主播要怎样去制造话题呢？

一方面，可以制造一个标签性的话题，让观众一想到这个标签时就会想到你。当然，这个标签不是说一次就会形成的，需要主播不断地优化。

直播的灵感来源，除了靠自身的创意想法外，主播也可以多收集一些热梗，这些热梗通常自带流量和话题属性，能够吸引大量观众的点赞。主播可以将直播间的点赞量、评论量、转发量作为筛选依据，找到并收藏抖音、快手等平台上的热门直播话题，然后进行模仿和创新，打造自己的优质直播说话技巧。

例如，"用盆喝奶茶"这个热梗就被大量用户翻拍，这种来源于日常生活中的片段被大家演绎得十分夸张，甚至还出现了"用盆嗦粉""用缸喝奶茶"等搞笑片段，如图 9-10 所示。

同时，主播也可以在自己的日常生活中寻找这种创意搞笑的热梗，然后采用夸大化的直播创新方式和说话技巧将这些日常细节演绎出来。另外，在策划热梗直播时，主播还需要注意以下几个关键元素。

（1）农产品直播的门槛低，主播的发挥空间大。

（2）时间剧情内容有创意，牢牢紧扣观众生活。

（3）在直播话题中嵌入产品，作为道具展现出来。

例如，"柠檬精"也是前段时间一直讨论的一个热点话题，因此直播间在售卖柠檬时，就可以带上这个话题与观众进行互动，如图 9-11 所示。

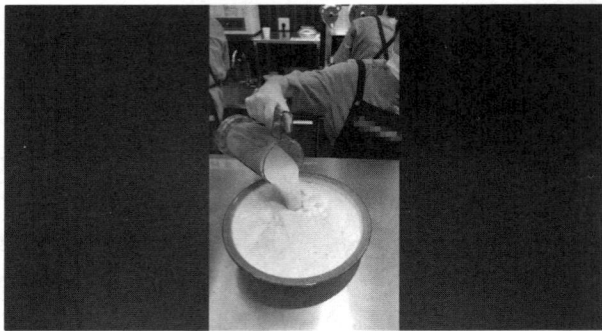

挑战用益买奶茶！#一起喝奶茶 #挑战 #户外 @抖音小助手

图 9-10　大量用户翻拍"用盆喝奶茶"的热梗

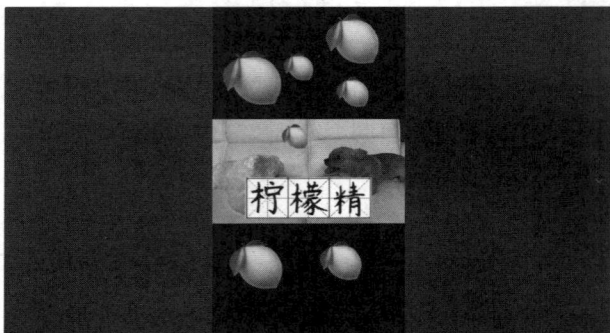

教你如何深度理解：#柠檬精

图 9-11　"蹭"柠檬精热点话题

值得注意的是，制造话题时不要把话题带偏。有的主播在与观众互动时就容易被观众带偏，聊一些与话题无关的事情，虽然适当的发挥是可以的，但是也要围绕着产品及话题本身去发挥，不能随意发挥。真正优秀的主播，在直播时看起来像是畅所欲言，随心所欲，但其实他所说的每一句话都是围绕这个产品或者话题。

9.2.6　围绕消费者，深挖需求进行推介

在直播间，主播所说的每一句话都要围绕着消费者的需求，只有当你足够了解直播间观众的需求时，你在推荐农产品时所说的话语才能直击观众的内心，从而让观众心甘情愿地下单购买产品。因此，也只有了解消费者的需求，才能更好地推荐我们的农产品。

那么，怎样去了解消费者的需求呢？最直接的手段就是互动。一场直播从开

始选品到最后的售后，最接近消费者的时期就是在直播间，因此在直播间互动才能最有效地挖掘消费者的需求。直播间的互动一方面可以营造直播间的气氛，另一方面还可以挖掘消费者的需求。

了解消费者需求时最好不要直接去问，如"你们平时喜欢吃什么"，而是通过引导性的话语去了解。

例如，"你们平常吃玉米多吗？你们是喜欢吃甜玉米、黑玉米还是糯玉米呀？""有吃过美人指吗？也是葡萄的一种，感觉怎么样，和其他的葡萄种类相比你们更喜欢哪个呀？"等，通过引导来让观众回答问题，从而了解他们的需求。

如图 9-12 所示，你可以在直播间着重了解这两点信息，了解到这两点信息才能更了解消费者需求。

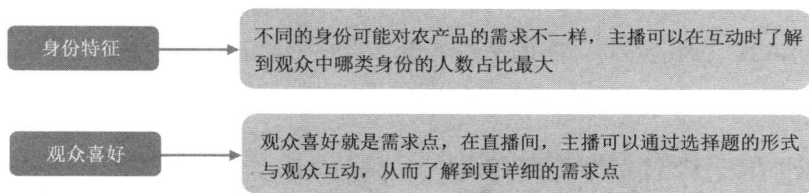

图 9-12　挖掘直播间内消费者的两点信息

图 9-13 所示为适合孕妇吃的猕猴桃，也可称为孕妇水果，当直播间有孕妇的时候，主播可以就这点进行推荐。

图 9-13　孕妇水果

9.2.7 在直播中突出农产品的关键卖点

现今，农产品的种类越来越丰富，随着电商的快速发展，这些农产品也快速在电商平台上线，许多地区的特色农产品逐渐走进消费者的视野。同时，农产品丰富的种类也加大了行业竞争，让农产品变得越来越难卖了。所以，在直播时主播要突出农产品的关键卖点，阐述农产品的独特优势。

1 突出产地信息

农产品不同于其他产品，像化妆品、衣服类的产品消费者不太注重产地这一方面，同一个品牌，其产地不一样，消费者也不会有太大的反应，但是农产品不一样，产地不同的同类产品口味或功能也会有所不同。

图 9-14 所示为昭通丑苹果，图 9-15 所示为栖霞红富士苹果，两种苹果的原产地不同，其口感也不同，有的消费者更喜欢吃昭通丑苹果，有的则喜欢吃红富士苹果，所以主播在直播时一定要突出产地信息。

图 9-14　昭通丑苹果　　　　　图 9-15　栖霞红富士苹果

2 灵活渲染品种信息

新品种农产品之所以能够问世并推广开来就在于"新"，主播在直播时可以灵活地突出"新"的特征，使之成为一个新的重要卖点。

图 9-16 所示为新品种李子，是目前最大的西梅品种，因此主播在推荐该品种时可以着重介绍该产品的大小。

图 9-16　新品种李子

图 9-17 所示为七彩玉米，又称"琉璃玉米"，它与其他玉米的不同之处在于颜色是多种多样的，玉米粒就好像琉璃一样晶莹剔透。

图 9-17　七彩玉米

3 注重实际需求

通常农产品都蕴含着丰富的营养物质，有些观众就是看重农产品中蕴含的某种物质从而购买该农产品的，因此在直播时可以把观众们最在意的农产品的某个营养物质说清楚即可。

如图 9-18 所示，香蕉的营养非常丰富，含碳水化合物、粗纤维、钙、胡萝卜素及丰富的微量元素钾等。现在有很多人经常会出现失眠的问题，而睡前吃点香蕉在一定程度上可以帮助失眠者入睡，因此主播可以在推荐香蕉时点出这一点即可。

图 9-18　香蕉

9.2.8　引爆氛围，激发粉丝的购买动机

很多时候，一个好的直播氛围也可以让观众快速下单。观众的消费有一部分就是因为一时的情感冲动，因此在直播时主播就要带动直播间的氛围，激发他们的消费冲动，从而进行下单。那么，主播应如何引爆氛围来激发消费者的购买欲望呢？

1 暖场互动，拉近距离

农产品带货直播的目的是销售农产品，但这不是最终的目的，最终的目的是打开市场。但怎么做才能更好地打开市场呢？一方面是要有好的农产品且售后有保障；另一方面是要拉近与观众的距离，让观众信任你，才会不断地购买产品并推荐给别人，从而打开市场。

在直播间，要想拉近与观众的距离，首先要与观众有你来我往的互动。作为主播，一定要具备"自来熟"的特质。不管是在化妆品直播间还是在农产品直播间，主播都需要和观众进行你来我往的频繁互动，这样才能营造出更火热的直播氛围。主播可通过说话技巧去引导观众持续评论，这样才会有你来我往的互动，从而带动直播间的氛围。

其次要"学会说话"，有很多新人直播时出现冷场的现象最主要的原因就是"不会说话"，从某种程度上来说，直播就是"自说自话"，直播热场就是你的"自说自话"勾起了观众的兴趣和好奇心，在直播间发弹幕，场子就"热"了。

因此，主播可以利用一些互动和话题，吸引观众深度参与到直播，相关技巧如图 9-19 所示。

多与观众聊家常	主播在直播间开始的时候与观众多聊聊家常，这样会让观众觉得很亲切，例如："刚刚过了中午，大家都吃了午饭了没？"
多进行抽奖活动	在电商直播中，抽奖时常用的技巧为："话不多说，我们先来抽波奖。""话不多说"可以表现出主播宽宏的气量，同时也能够让观众的精神马上振奋起来，积极参与抽奖活动
多提自己的名字	主播在直播时可以多次提及自己的名字，来吸引观众的注意力，并强化自身的标签，参考为："喜欢××（主播名字），就请多多关注我。"

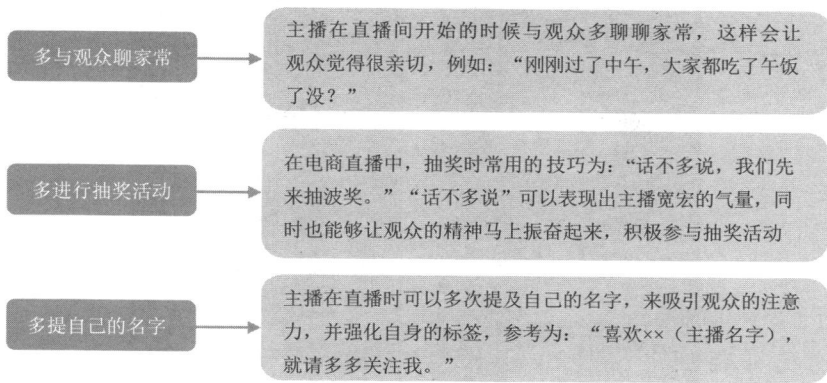

图 9-19　暖场互动说话的相关技巧

2 积极回复观众提问

许多观众之所以会对主播进行评论，主要就是因为他对于产品或直播中的相关内容感兴趣、有问题。针对这一点，主播在策划直播脚本时，应尽可能地选择一些能够引起观众讨论的内容。这样做出来的直播自然会有观众感兴趣的点，而且观众参与评论的积极性也会更高一些。

当观众对主播进行提问时，主播一定要积极做好回复，这不仅是态度问题，还是获取观众好感的一种有效手段。下面总结了一些农产品直播间的观众常提的问题和对应的解答技巧，可以帮助主播更好地回复观众并引导他们互动。

问题 1："看一下 ×× 产品"

第一个常见的提问为"看一下 ×× 产品"，观众在评论中提出需要看某个农产品时。针对这一类型的提问，表示观众在观看直播的时候，对该产品产生了兴趣，需要主播进行讲解，所以提出了这个问题。

如果主播方便或者时间比较充裕，则可以马上拿出产品进行试吃，同时讲解产品的质量和价格等方面的优势，并挂上产品链接引导观众去小红盒下单，如图 9-20 所示。

问题 2："主播怎么不理人"

有时候观众会问主播"为什么不理人"，或者责怪主播没有理会他。这时主播需要安抚该观众的情绪，可以回复说没有不理，并且建议观众多刷几次评论，主播就能看见了。如果主播没有及时安抚观众，可能就会丢失这个潜在的客户。

图 9-20　拿出产品进行讲解并挂上产品链接引导下单

问题 3："这个怎么优惠的啊"

第三个常问的问题是问优惠情况，如"这个怎么优惠的啊"。在直播间中，通常会通过公告牌来展示农产品优惠信息，但观众可能没有注意到这些细节，如图 9-21 所示。

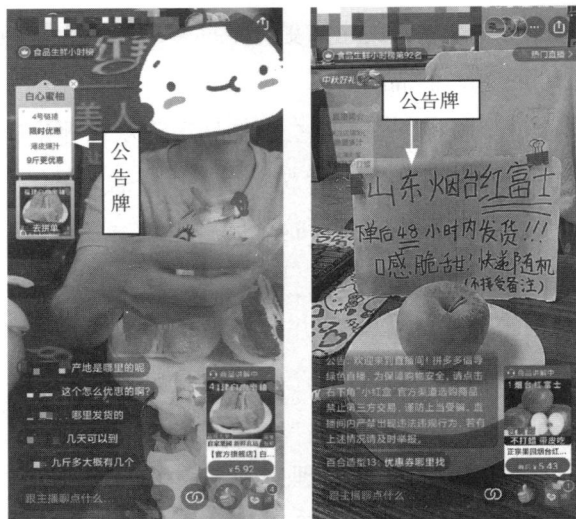

图 9-21　通过公告牌显示优惠信息

此时，主播可以直接回复观众，提醒他们查看直播界面上的信息，有其他的问题可以继续留言。

问题 4："现在拍下几时发货"

对于这类问题，不管是农产品直播间还是其他直播间，这类问题出现的频率是最高的，也是观众最关注的问题之一，主播可以按照实际情况给予回答，如图 9-22 所示。

图 9-22　直播间评论问题

问题 5："× 号宝贝多少钱？"

最后一个问题是针对观众观看直播，但是他没有看商品的详情介绍，而提出的相关价格方面的问题。对于此类问题，主播可以引导观众在直播间领券下单，或者告诉观众关注店铺可享受优惠价。

如图 9-23 所示，主播通过在纸写上产品价格详情，当观众问到时展示给观众看，或者在直播时全程放在直播间的中间，直播助理也可在评论区将商品详情发上去并引导观众在右下角领取直播专享券并下单。

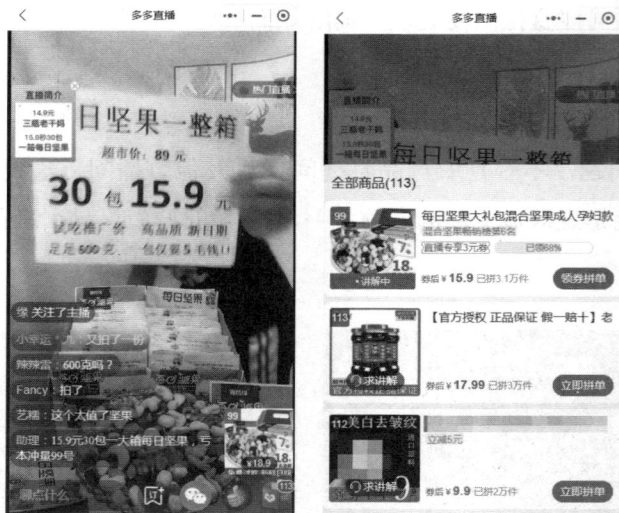

图 9-23　将产品价格写在纸上

第 **10** 章

销售技巧：
让农产品直播间的
销量翻倍

主播在农产品直播间卖货时，如何把产品销售出去是整场直播的核心点。主播不仅需要运用说话技巧和观众进行互动、交流，同时还要通过活动和利益点来抓住观众的消费心理，从而促使他们完成最后的下单行为。

10.1 从用户痛点、爽点、痒点中找到突破口

作为各种直播平台上的电商主播，每个人都能够吸引大量粉丝关注，都能成为带货达人。但是，主播如果想激发用户的购买行为，关键是：主播能让用户察觉到产品带给他的价值。

本节将从用户的角度入手，介绍通过抓住用户的痛点、痒点与爽点等方法，解决直播销售过程中的关键问题——提升转化率。

10.1.1 解决痛点，满足用户的基础需求

痛点，就是用户急需解决的问题，他如果没有解决这个痛点，就会很痛苦。用户为了解决自己的痛点，一定会主动去寻求解决办法。研究显示，每个人在面对自己的痛点时，是最有行动效率的。

大部分观众进入直播间，表明他在一定程度上对直播间是有需求的，即使当时的购买欲望不强烈，但是主播完全可以通过抓住用户的痛点，让购买欲望不强烈的观众也采取下单行为。

当主播在提出痛点时需要注意，只有与观众的"基础需求"有关的问题，才能算是他们真正的痛点。"基础需求"是一个人最根本和最核心的需求，这个需求没解决，人的痛苦会非常明显。

例如，在下面这个卖昭通丑苹果的直播间中，在购买水果的时候，消费者大多会担心被欺骗，在大的苹果的下面会有很多小的苹果，现在直播间通过让消费者现场挑果帮助他们解决会收到不满意的苹果的这个痛点，如图 10-1 所示。

主播在寻找和放大用户痛点时，让观众产生解决痛点的想法后，可以慢慢地引入自己想要推销的产品，给观众提供一个解决痛点的方案。在这种情况下，很多人都会被主播所提供的方案给吸引住。毕竟用户痛点出来了，观众一旦察觉到痛点的存在，第一反应就是消除这个痛点。

主播要先在直播间中营造出观众对产品的需求氛围，然后再去展示要推销的

产品。在这种情况下，观众的注意力会更加强烈、集中，同时他们的心情甚至会有些急切，希望可以快点儿解决自己的痛点。

图 10-1　卖昭通丑苹果的直播间示例

例如，在下面这个卖食用油的直播间中，主播除了在加工的地方展示产品以外，还在直播间的右下方插入了一个小的视频，展现了食用油的制作过程，不仅解决了观众对食用油加工过程方面的担心，而且还给观众提供了食用油的生产知识，为他们带来了更多的价值，如图 10-2 所示。

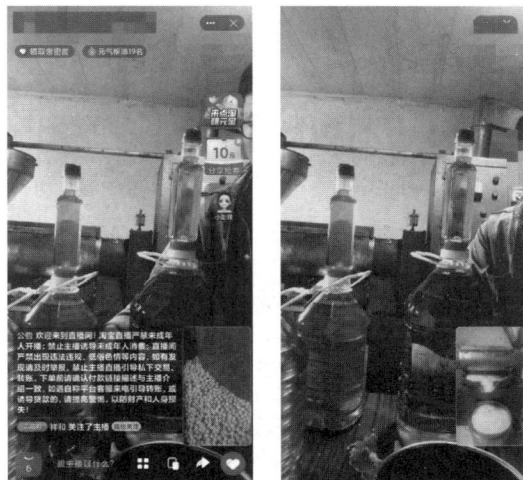

图 10-2　卖食用油的直播间示例

通过这种价值的传递，让观众对产品产生更大的兴趣。当观众对产品有进一步了解的欲望后，这时主播就需要和他们建立信任关系。主播可以在直播间与观众聊一些产品的相关知识、制作方法及食用小技巧，或者提供一些专业的使用建议，增加观众对自己的信任。

总之，痛点就是通过对人性的挖掘，全面解析产品和市场；痛点就是正中用户的下怀，使他们对产品和服务产生渴望和需求。痛点就潜藏在用户的身上，需要商家和主播去探索和发现。"击中要害"是把握痛点的关键所在，因此主播要从消费者的角度出发进行直播带货，知道他们对农产品的需求点是什么，多花时间去研究如何能找准痛点。

10.1.2　打造痒点，实现用户的美好梦想

痒点，就是满足虚拟的自我形象。打造痒点，也就是需要主播在推销产品时，帮助观众营造美好的梦想，满足他们内心的渴望，使他们产生实现梦想的欲望和行动力，这种欲望会极大地刺激他们的消费心理。

如图 10-3 所示，直播间的主播通过演示已经制作出来的农产品，激发消费者的购买欲望。与此同时，主播还在直播间内进行现场制作，勾起消费者想要品尝的欲望，而且现场制作也是一个让观众向往美好生活方式的痒点，让他们的心里痒痒的，希望自己也能做出一份这样的美食。

图 10-3　卖粉条农产品的直播间示例

10.1.3 提供爽点，满足用户即刻的需求

爽点，就是用户由于某个即时产生的需求被满足后，就会产生非常爽的感觉。爽点和痛点的区别在于，痛点是硬性的需求，而爽点则是即刻的满足感，能够让用户觉得很痛快。

对于推荐农产品的主播来说，想要成功把产品销售出去，就需要站在用户的角度来思考产品的价值。这是因为在直播间中，观众作为信息的接受者，他自己很难直接发现产品的价值，此时就需要主播主动去帮助观众发现产品的价值。

而爽点对于直播间的观众来说，就是一个很好的价值点。例如，在下面这个卖辣椒产品的淘宝直播间中，主播展示了多款辣椒，其他辣椒可以满足消费者对于辣及调味的基本需求，而小米椒则更辣，满足了一部分人对于辣的爽点，如图 10-4 所示。这就是通过抓住观众难受的爽点，即时性地满足他们的需求。

图 10-4 卖辣椒的直播间示例

当主播触达更多的用户群体，满足观众和粉丝的不同爽点需求后，自然可以提高直播间商品的转化率，成为直播带货高手。

>> 专家提醒 >>>>>>.. .>>>> .>>>>>>

　　痛点、痒点与爽点都是一种用户欲望的表现，而主播要做的就是在直播间通过产品的价值点，满足用户的这些欲望，这也是直播带货的破局之道。

10.2 农产品直播间的促单技巧

很多商家或主播看到别人的直播间中爆款多、销量好，难免会心生羡慕。其实，只要你用对方法也可以打造出自己的爆款产品。本节从直播前和直播中两个方面入手，介绍直播带货常用的促单技巧，让观众快速下单。

>> 专家提醒 >>>>>>.. .>>>> .>>>>>>

爆款是所有商家追求的产品，显而易见，其主要特点就是非常火爆，具体表现为流量高、转化率高、销量高。不过，爆款通常并不是店铺的主要利润来源，因为大部分爆款都是性价比较高的产品，这些产品的价格相对来说较低，因此利润空间也非常小。

10.2.1 "种草"推广，让直播间的人气爆棚

可以说，目前"种草"已经开始成为人们社交的一种手段，同时也逐渐成为一种主流的营销方式。因此，商家或主播除了直接通过直播来带货外，在直播前进行"种草"推广，为直播间带来更多的人气，同时也可以直接提升下单率。

那么，究竟什么是"种草"呢？

"种草"最初流行于化妆品方面的各种论坛和社区，是指通过分享自己的使用经验从而达到让别人购买并使用的一种行为或现象。

同时，"种草"也可以指接受建议的心理过程。推荐商品的一方将同类的商品进行收集、归纳、整理、分析等，向消费者推荐其中优质的产品，并在此基础上，让消费者信任自己从而影响消费者对产品的印象，进而产生购买的欲望。

随着移动互联网的发展和商业资本的介入，"种草"推广逐渐成为一种利用社会关系鼓励网民消费的商业营销模式。

为什么"种草"会兴起呢？如图 10-5 所示，以下三个是导致如今"种草"推广现象流行的主要原因。

那么怎样玩转"种草"呢？

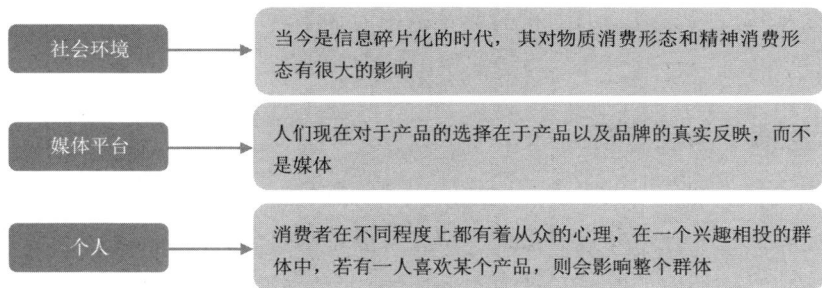

图 10-5　种草现象兴起的原因

1 选择形式

"种草"改变了传统的营销形式，使得产品从推广引流到观众互动、产品售后都可以在短时间内完成，极大地缩短了传统营销的内容链条，让一些小众消费者的特殊要求都能够得到满足，实现经济和商业的精准化。

在现下短视频的浪潮下，其形式已经开始从最初的大众点评和小红书上的图文形式转变成短视频及直播的形式，未来"种草"的传播形式视频化、直播化会更加流行。同时，VR（Virtual Reality，虚拟现实）和 AR（Augmented Reality，增强现实）的发展使直播升级更有趣、更逼真、更可靠。

2 直播的设计

"种草"不同于以往的广告，以前的广告推广是直接告诉你"这个产品哪里哪里好，你一定要买"，"种草"则是一个长期的项目，一定要多地方释放种子并且接触消费者的距离越近，才能获得预期的效果。

在进行"种草"直播时，做好直播这三步的工作也很重要：前期预热准备—直播—后期复盘分析。"种草"最主要的目的是引起用户的兴趣，直播内容更多的是"介绍"角色，让该产品在观众心中播下种子。

当用户被吸引时，稍微触动一下就足以让农产品脱颖而出。这样的转化比从头到尾谈论农产品有多好要好得多。例如，农产品的商家可以请名人来演示产品的各种神奇的食用方法。直播间观众在获取知识的同时，他们还会想下订单并再试一次。

在直播过程中或直播结束后，被吸引的观众会搜寻了解该农产品。此时，提前或同时推广该产品的相关内容就非常及时，比如在直播页面嵌入产品信息、短视频直播预热发放，或者以图文的形式请多人在小红书或公众号上发送评价报告等。传统广告和"种草"并不矛盾，可以两者兼得。

3 直播平台及分发

各大平台"种草"已成为一种趋势，消费者是没有渠道意识的，所以，许多品牌已经开始打造独立的直播系统，独立直播系统可以直播和观察直播时购买及进入直播间等的数据，以自有品牌媒体为核心，然后分发到各个媒体平台。

如图 10-6 所示，商家可打开手机淘宝，❶点击下面的"逛逛"按钮；❷进入"逛逛"界面后点击左上方的相机图标◎，即可拍摄视频进行"种草"推广。

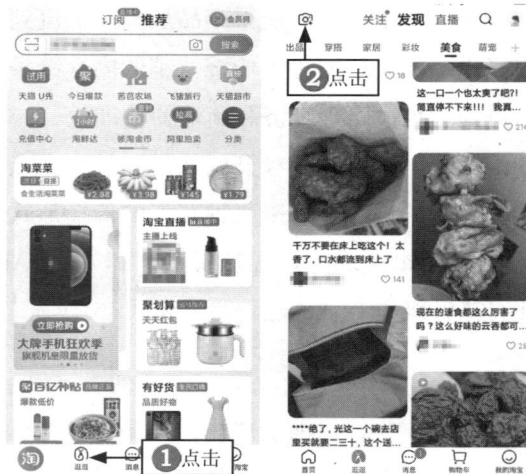

图 10-6　淘宝"种草"推广

"种草"是农产品直播带货中的重要内容，是勾起用户购买欲望的主要手段。通过短视频"种草"与直播带货的组合方式，可以加速用户的决策速度与提高转化率，从而产生更高的经济效益。

10.2.2　红包营销，引导成交与支付转化

直播间最常用的营销方式就是发红包和优惠券。例如在拼多多直播间中，经常会同时出现"多币"红包、现金红包或者超级红包，如图 10-7 ～图 10-9 所示。相比于没有红包和优惠券的直播间，放置红包和优惠券的直播间用户停留时间更长，商品转化也会更高。

| 图 10-7　"多币"红包 | 图 10-8　现金红包 | 图 10-9　超级红包 |

　　红包营销在直播的各个时段都可以使用，但不同的直播时段要使用不同的营销策略，具体如图 10-10 所示。

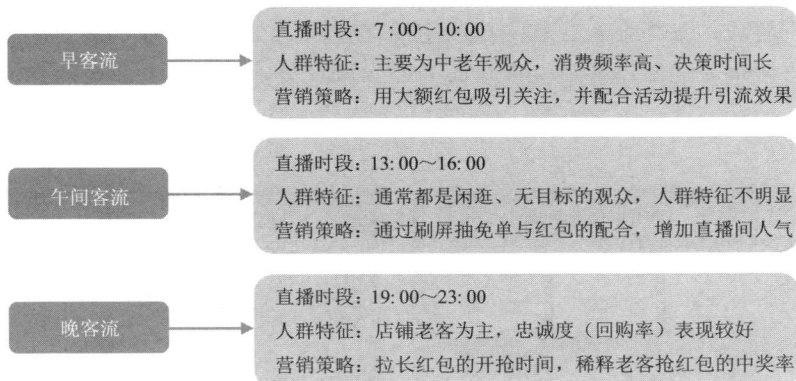

早客流	直播时段：7：00～10：00 人群特征：主要为中老年观众，消费频率高、决策时间长 营销策略：用大额红包吸引关注，并配合活动提升引流效果
午间客流	直播时段：13：00～16：00 人群特征：通常都是闲逛、无目标的观众，人群特征不明显 营销策略：通过刷屏抽免单与红包的配合，增加直播间人气
晚客流	直播时段：19：00～23：00 人群特征：店铺老客为主，忠诚度（回购率）表现较好 营销策略：拉长红包的开抢时间，稀释老客抢红包的中奖率

图 10-10　不同时间的不同营销策略

10.3　农产品直播带货的实用技巧

　　农产品带货直播已经是大势所趋，各地区市县长纷纷进驻直播间推广，农产品营销已不是新鲜事，那么如何通过农产品网络直播来推广农产品最有效呢？本节就来带你看一下网络直播卖货的实用技巧。

10.3.1 提前做好准备，加强互动和趣味性

多互动才能增加观众的黏性，让观众持续关注你，因此主播要一直与观众进行互动，并且时刻关注直播间左下角观众的弹幕评论，回答观众问的各种问题，不能平淡得像背稿子一样去推广。如果直播间观众比较少，主播可以亲切地和这几个少数的观众聊天，可以聊聊日常、话话家常，还可以说一些关于农产品有趣的事情，一方面可以推广农产品，增加观众的记忆力；另一方面也可以加强趣味性。

有些主播性格比较腼腆，不太能放得开，对于观众所提的要求可能有点抹不开面子，就会让观众觉得很无趣；看到一些人说的不好的话，回答的时候也可能不够"圆滑"，从而导致直播间观看的人数较少。所以在直播间，主播可以先想好应对的策略，或者多练习练习，多去看看别的直播间的主播是如何应对的。

除了直播之外，增加趣味性的方法可以安排一些趣味性的活动，如抽奖、玩游戏等。拼多多直播间中的"猜歌达人"就是一种直播猜歌小游戏，拥有多种风格的音乐，可以满足更多观众的需求，让观众从中感受到各式各样的乐趣。"猜歌达人"游戏的参与方式非常简单，主播在直播间发起"猜歌达人"小游戏后，可通过自己唱或放配乐等形式，将歌曲演绎出来，观众需要在限定时间内选择正确的歌名，如图 10-11 所示。

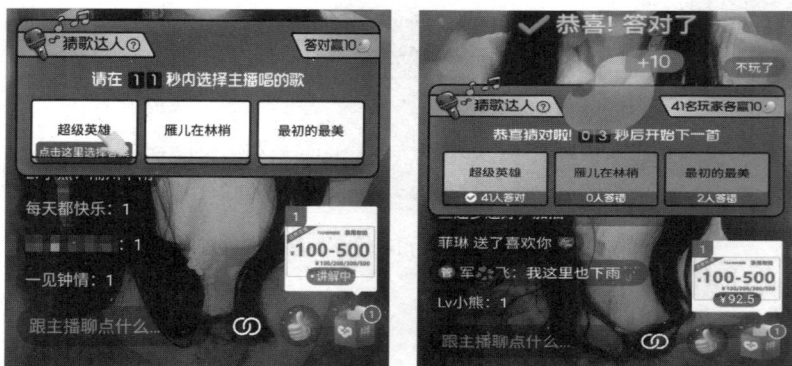

图 10-11 "猜歌达人"小游戏

完成一轮"猜歌达人"小游戏后，会自动进入下一首歌曲，能够吸引观众长久玩下去，增加观众在直播间的停留时长。同时，答对的观众将会获得"金豆"奖励，可以用于帮自己喜欢的主播进行"连麦PK"，能够激励他们持续关注主播，如图 10-12 所示。

图 10-12　观众可以获得"金豆"奖励

　　另外，直播录制的背景可以是比较漂亮的乡村景观，或者是比较有特色的农村景色，这样也可以加强与观众的互动以及趣味性。图 10-13 所示为销售鸡及鸡蛋的直播间，将直播间的背景放置在鸡活跃的地方，一方面可以让观众实时地了解到鸡的具体情况，做到胸中有数；另一方面也可以增加话题，促进商家与观众的互动，同时小鸡的一些行为还可以增加趣味性。

图 10-13　将特色乡村景观作为直播场景

10.3.2 第一分钟讲出消费者需要的价值

直播间的第一分钟非常重要，错过了这一分钟，可能观众就没有那么多的耐心去关注了。因此在第一分钟，主播可以从消费者的角度入手，说出该件农产品在消费者心中所需的价值，这样消费者才能愿意继续倾听，从而更积极地下单。

通过在直播前仔细考虑产品的价值，并以多种形式展示，可以最大限度地吸引目标消费者，吸引随意进来观看直播的消费者。因此，农产品直播需要精心设计重点和卖点。

每个产品不仅只有一个卖点，往往会有很多卖点，但是当主播将农产品的每个卖点都平均分配好时间去介绍，而没有重点，那么产品看起来就很平庸、没有亮点，下单的人数也比较少。

好的主播会根据消费者的情况及产品的特征从中提取产品 1～2 个的核心卖点，再花几分钟的时间将核心卖点讲彻底，并用多种表现方式来支持他的观点，给观看直播的用户留下深刻印象。

那么，主播可以用什么方法佐证呢？

（1）农产品有的是可以直接吃的，有的需要再次加工才可以吃。在直播间，主播可以采用现场烧菜的方式来试吃，通过做出来的各式各样的菜品来介绍农产品的价值，如图 10-14 所示。

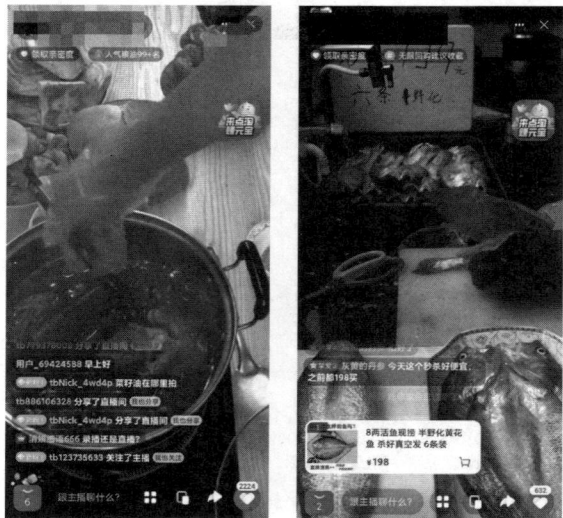

图 10-14　直播间内现场做菜

（2）展示产品的成分，讲解专业的名词。图 10-15 所示分别为血藤果和云南八月瓜，这两种产品都比较少见，因此主播在直播时可以先详细地介绍这两种水果的情况，讲解时可以加一些专业名词，并以通俗的话语讲述出来，激发观众的购买欲望。

图 10-15　稀有水果血藤果和云南八月瓜

（3）讲故事，可以是自己或周围人的经历，也可以是商品的背景故事。图 10-16 所示为人参果产品，主播在直播间推销此产品时就可以联系《西游记》中的人参果进行介绍。

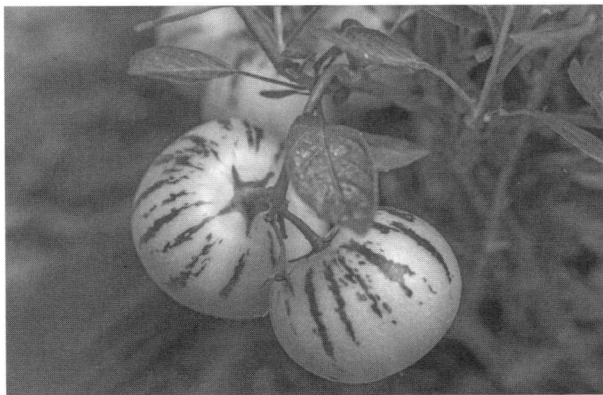

图 10-16　人参果

如图 10-17 所示，在直播间卖鱼的主播一方面可以联系以往有关鱼的典故，如"姜太公钓鱼"典故；另一方面还可以讲一些商家在捕鱼时的趣事，吸引观众的注意力，增强他们的记忆，才能更好地促进下单。

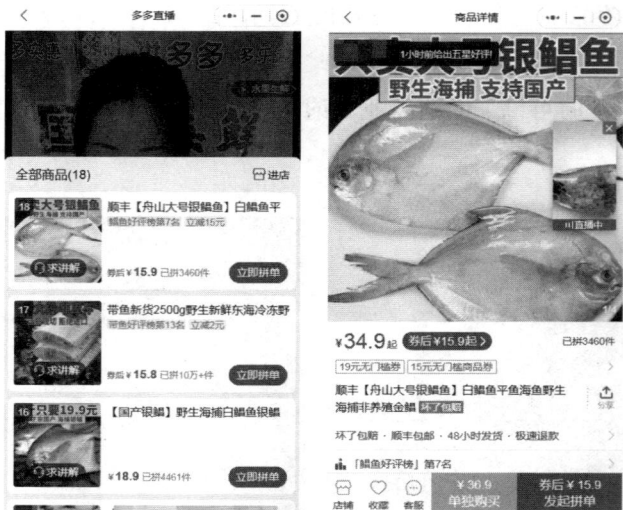

图 10-17　卖鱼的直播间

（4）采用一些有趣味性的试验来展示核心卖点。

10.3.3　亢奋的直播状态，用激情感染观众

主播在直播卖货过程中，为了提高产品的销量，会采取各种各样的方法来达到自己想要的结果。但是，随着步入直播平台的主播越来越多，每一个人都在争夺流量，想要吸引粉丝、留住粉丝。

毕竟只有拥有粉丝，才会有购买行为的出现，才可以保证直播间的正常运行。在这种需要获取粉丝流量的环境下，很多个人主播开始延长自己的直播时间，而机构也开始采用多位主播来轮岗直播的方式，以此获取更多的曝光率，被平台上的更多观众看到。

这种长时间的直播，对于主播来说，是一件非常有挑战性的事情。因为主播在直播时，不仅需要不断地讲解产品，还要积极地调动直播间的氛围，同时还需要及时地回复观众所提出的问题，可以说是非常忙碌的，会感到极大的压力。

在这种情况下，主播就需要做好自己的情绪管理，保持良好的直播状态，使得直播间一直保持热烈的氛围，从而在无形中提升直播间的权重，获得系统给予的更多流量推荐。

一场好的直播，如果仔细观察，你会发现好的主播他们整场直播都是很亢奋的。观众如果看到镜头前热情推荐的主播，总会想多停留几分钟。事实上，观众之所以会留下来继续观看直播有时候恰恰是被主播的热情吸引的，并不是因为农产品本身。

特别设计的直播秒杀活动会让主播和粉丝的兴奋达到高潮。秒杀活动是为了激发观众下单的欲望，如果下单的观众还会收到一份免费礼物，而且能让他们直接看到实际的折扣，才能更加调动他们的情绪。如图 10-18 所示，这些直播间中都设置了秒杀活动，可以很好地提升直播间的氛围。

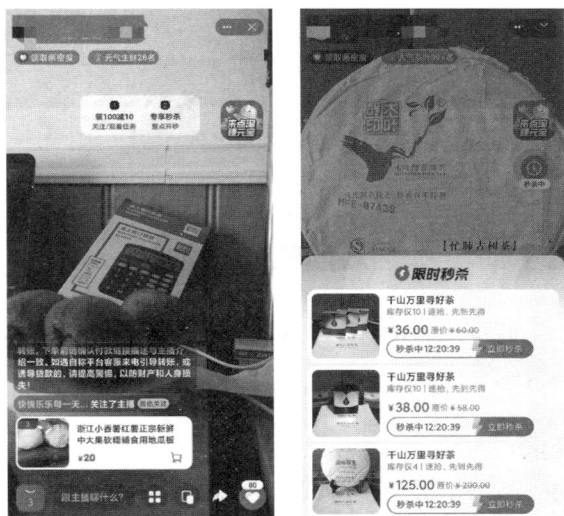

图 10-18　直播间秒杀活动

反观很多无人直播间，你会发现主播松散或者不互动，直播间格外冷清，自然留不住人。如图 10-19 所示，这个直播间仅仅只是展示产品，并没有与直播间内的观众互动，问的问题不能及时地回答，观众的体验感就会很差，因此观众就没有购买的欲望。

刚刚开始的新主播，不要过多地期望一开始直播间就有很好的氛围，这是需要一个不断积累的过程，只要你播得好，观众会越来越多，其直播间的氛围也会越来越好。因此，哪怕你的直播间只有一个人，也要保持亢奋的心情去推荐农产品。

图 10-19　冷清直播间示例

10.3.4　注重主播与粉丝之间的情感沟通

维护粉丝是一个非常重要的环节。当主播慢慢聚集到一定数量的粉丝时，你需要注意与他们的情感交流。

1 粉丝群交流

粉丝群的形成是因为大家喜欢这个农产品或者主播。对于主播来说，一个人去管理几百个人甚至是上千个人是不现实的，也不可能和每个人都去聊天，因此主播可以对观众实行分类，哪些是自己管理，哪些是团队管理。

2 日常小礼物的赠送

很多主播可以在节假日给粉丝送小礼物，但平时也可以和粉丝一起玩抽奖活动，增加你在平台上的活跃度，还可以搞抽奖活动随意赠送一些农产品礼包，让你的粉丝感受到满满的爱，他们也会因此更爱你。

图 10-20 所示为泡菜直播间，该直播间右边放置了许多的直播福利赠品，而且其赠品还是呈阶梯式地递增，买得越多，其赠品也就越多。观众进入直播间看到这么多的福利，其下单的欲望也会大大地增加。

图 10-20　日常小礼物的赠送

3 不要等到比赛冲榜需要人气时才去关心你的粉丝

在实体店，商家的衣食父母是消费者，同样在直播间内，主播的衣食父母也是消费者，因此粉丝的喜爱程度决定了主播的发展水平。越受消费者喜欢的主播，其发展程度越好。平时注重细节，时刻注意到你的粉丝，这样在直播间冲榜时，粉丝才会帮助你。

没有消费者会主动地帮助不熟悉的主播去提升知名度。直播间主播有很多，同时也有许多的观众来来去去，有时他们不会等待特定的主播，所以他们当然不会随意地去帮助交流不多的主播。

4 时刻记得要与粉丝互动

无论什么时候开始直播，主播都要不断地主动和粉丝互动，才能让直播间不会无聊。在直播间如何与粉丝交流是主播需要不断学习的一门课题。图 10-21 所示为直播间内与粉丝的互动时间点，主播可以着重在这三个时间点与粉丝互动。

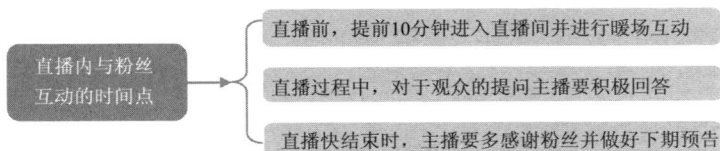

图 10-21　直播内与粉丝互动的时间点

如图 10-22 所示，该直播间通过免费抽奖活动，吸引大量观众评论。

图 10-22　通过免费抽奖活动吸引大量观众评论

10.3.5　通过适当降低产品价格刺激购买

价格是直播间观众关心的重点之一,适当地降低价格可以提高观众的购买率。那么,怎样适当地降低产品价格呢?

1 临界价格

什么是临界价格?这是一种让观众产生错觉的价格。比如,100 元是农产品的市场价格,100 就是界限,那么临界的价格就可以设定为 99 元或者 98 元,也就是靠近界线的那个价格。

通过这种方式给观众一个错觉,就是只要这个产品的价格没有超过 100 元,那么也会在一定程度上刺激消费者的购买欲。如图 10-23 所示,该直播间大部分农产品市场价格为 40 元,因此其产品的临界价格均设置为 40 元左右,如 39.9 元、40.9 元等。

2 阶梯价格

阶梯价格是随着时间的变化,将商品呈现阶梯式的促销,以此让观众产生一种紧张感。例如,一件农产品在做减价活动时,在做活动的第一天时,农产品的价格可以打五折,第二天活动时就可以打七折,第三天打九折,增加消费者的紧迫感,刺激消费者进行消费。

3 双重实惠

与直接降价方法相比,先降低农产品的价格然后再将农产品打折,这虽然看起来像是多走了一段路，但不应低估这段路，它对消费者有很大的吸引力。

图 10-23　将产品价格设置为临界价格

消费者肯定会认为这种双重优惠比直接减价的一次性优惠更便宜，看上去事实是这样的，其实不然。例如，如果主播将 100 元的产品设定 30% 的折扣，则该产品的价格为 70 元。如果先把产品降价 10 元，再降 20 元，产品的价格也是 70 元，但买家会觉得后者更好。

如图 10-24 所示，该农产品的市场价为 28 元，店铺的折扣价为 15.8 元，而直播间还可以领券购买，最终价格仅需 7.8 元。

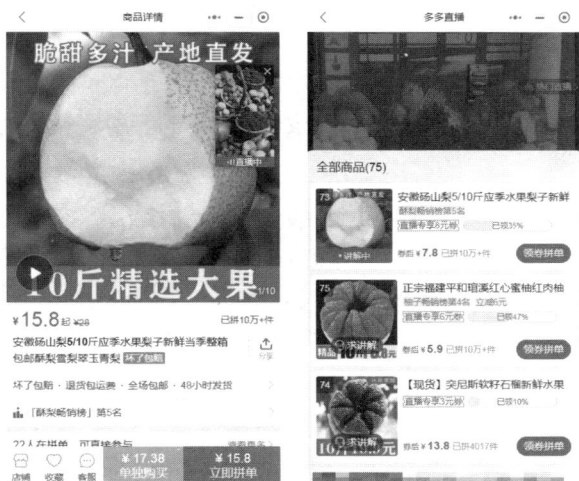

图 10-24　多次降价打折的案例

10.3.6　注重农产品直播带货的售后服务

消费者在直播间购买产品，是靠直播过程中的产品展示来确定其质量的优劣，无法在购买前就知道产品的真实质量，所以售后服务也成为影响消费者下单的重要因素。同时，售后也可以说是一个农产品直播间可持续发展的关键保障和品牌价值的体现，一个不想要长期发展的主播可以不在乎售后，因为他们赚到钱就可以了，但这样做是无法长期生存下去的。

在管理中，售后服务的核心指标是客户满意度。因此，在下一次直播之前可以先分析客户的满意度，留住并发展潜在的消费者，让他们了解并认可该农产品品牌，从而传播该农产品品牌。想象一下你的客户在选择同类产品时的决定是什么？事实上，它是一个品牌，而不是一个价格。品牌力的保证是什么？品牌力的保证是售后服务。

图 10-25 所示为需要做好售后服务的具体原因。

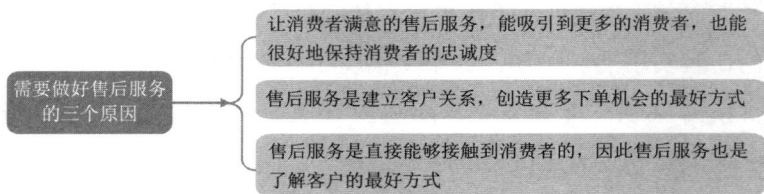

需要做好售后服务的三个原因	让消费者满意的售后服务，能吸引到更多的消费者，也能很好地保持消费者的忠诚度
	售后服务是建立客户关系，创造更多下单机会的最好方式
	售后服务是直接能够接触到消费者的，因此售后服务也是了解客户的最好方式

图 10-25　需要做好售后服务的三个原因

售后也分为很多种，如图 10-26 所示，有初级售后、中级售后、高级售后、特级售后，那么这些售后都干什么呢？

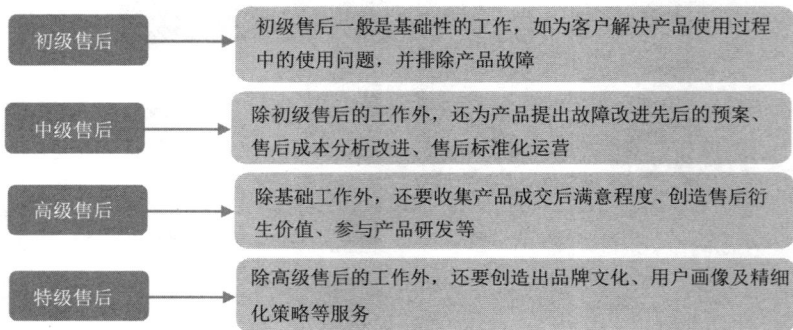

初级售后	初级售后一般是基础性的工作，如为客户解决产品使用过程中的使用问题，并排除产品故障
中级售后	除初级售后的工作外，还为产品提出故障改进先后的预案、售后成本分析改进、售后标准化运营
高级售后	除基础工作外，还要收集产品成交后满意程度、创造售后衍生价值、参与产品研发等
特级售后	除高级售后的工作外，还要创造出品牌文化、用户画像及精细化策略等服务

图 10-26　售后服务的分类

那么对于农产品直播来说，如何提供好的售后服务呢？

1 主动承担责任

很多客服在日常的售后服务过程中都会遇到"为什么还没发货""为什么还在揽件"等问题。然后客服的回答一般都是"不好意思，我马上就去联系一下快递那边"。看起来不错，很有礼貌，也很有针对性，但实际上这样的处理方式并不是很好。

好的客服是这样回答的"对不起！这是我的疏忽，我马上去联系快递公司的快递员尽快处理，处理好后第一时间给您尽快回复！请见谅，麻烦您再耐心等待一下。对不起。"有人会说这样有什么区别？其实这两者区别很大，这两种类型的回答本质上是不同的，它们的区别在于"是否主动承担责任"。

之所以说后一个回复是好的，在于客服"主动承担责任"，消费者知道责任在哪里，至少心里就觉得"我找对人了，这个问题可以解决"。不推卸责任，本质上是一种为消费者提供良好体验以及缓解焦虑的方式。

2 用第一人称单数去替换第一人称复数

"希望我们的服务能让您满意""我们一定为您把这个问题处理好"等都是售后客服常用的，这些语句都是很不错的，但是建议用第一人称单数来替代第一人称复数，也就是用"我"来替代"我们"。

很多客服人员都喜欢用"我们"，觉得这样有团队的力量，显得比较正规。其实，在整个售后过程中一定要用"我"来替代，因为只有这样消费者才会感觉到对等、平等，否则他会觉得自己是一个人对一群人，自己处于弱势，因此自然就会启动自我保护机制，同时觉得你很官方。

但是，用"我"的时候营造的就是一个平等的对话场景，是一个活生生的人，大家可以就具体问题个性化的交流，反而给消费者一个非常好的体验感受和相对轻松的沟通环境，相关示例如图 10-27 所示。

3 营造一个良好的沟通环境

关于使用"亲"这一字，建议大家还是慎用。有人说这是淘宝体，大家都在用，但是为什么不能用呢？

当"亲"这一字并不流行时，这个词对我们带来了好玩、有趣和亲切的影响。简而言之，每个人都使用是为了这个词语可以用来拉近关系和实现更好的沟通体验的目的。然而，这个词在今天被广泛使用，以至于这个目的现在已经无法实现。相反，它已成为一个"官方"术语，有时还会带来非常糟糕的感觉。

图 10-27　第一人称复数（左图）与第一人称单数（右图）的沟通示例

4 赔付小技巧

至于补偿的小窍门，很多人认为，如果可以使用优惠券，就直接使用优惠券。商家也一直觉得优惠券能让顾客再次购买，哪怕重新发一件新的商品也不用现金。笔者建议，让消费者自己去选择补偿优惠券或现金。

例如，你可以让消费者选择 20 元的无限门槛使用优惠券或者 5 元的现金补偿。这种方式的好处是，部分消费者可以自动选择超过大部分金额差额的 20 元优惠券。在两者之间留有一个让消费者可供选择的余地，这也会让他们觉得这是一次很不错的体验。此外，商家可以在给予 5 元现金补偿后再赠送一个小礼物。

例如，某个消费者在直播间买了一个西瓜，但是他收到的西瓜摔坏了，也不是不能吃，但心里还是会觉得不舒服。在这种情况下，商家可以让他从两种补偿方案中选择一个，如果消费者选择的是现金补偿 5 元，此时如果商家再赠送一个小西瓜，会让消费者觉得"不好意思"，下次还会光顾，甚至会介绍给朋友们买，因为他会觉得这个商家很负责。

这种意想不到的惊喜会给消费者带来一个很好的售后体验，提升他们回购的可能性。当然，对于选择 20 元优惠券的消费者，商家也可以给他制造惊喜，如在下次购买时赠送额外的小礼物或增加优惠券金额等。